写给青少年的汉朝史

清宣 著

华龄出版社
HUALING PRESS

责任编辑：高志红
责任印刷：李未圻
封面设计：曹柏光

图书在版编目（CIP）数据

写给青少年的汉朝史 / 清宣著. --北京：华龄出版社，2019.3

ISBN 978-7-5169-1364-2

Ⅰ. ①写… Ⅱ. ①清… Ⅲ. ①中国历史 – 汉代 – 青少年读物 Ⅳ. ①K234.09

中国版本图书馆CIP数据核字（2018）第297260号

书　　名：写给青少年的汉朝史
作　　者：清宣　著

出 版 人：胡福君
出版发行：华龄出版社
地　　址：北京市东城区安定门外大街甲57号　邮　编：100011
电　　话：010-58122246　传真：010-84049572
网　　址：http://www.hualingpress.com

印　　刷：三河市东兴印刷有限公司
版　　次：2020年7月第1版　2020年7月第1次印刷
开　　本：710 × 1000　1/16　印　张：14
字　　数：170千字
定　　价：39.80元

如出现印装质量问题，调换联系电话：010-59625116

大风起兮云飞扬

汉朝自建立之初，就被刘邦的一曲《大风歌》激出了它狂狷的气质。虽初始汉朝奉行无为安养，亦未能耐得住中原的寂寞，在武帝的激情当中，它实现了金戈铁马、觥筹交错的旷世风流。而汉朝的雄风所鼓动起的，不只是汉代人的气度，更激发了后世人的狂想。唐代的诗人就无论如何也摆脱不了“汉朝情结”，总喜欢把千年以前的青史诉诸笔端，埋在心头揣摩玩味。

正如李白在《关山月》中所写一般：

明月出天山，苍茫云海间。
长风几万里，吹度玉门关。
汉下白登道，胡窥青海湾。
由来征战地，不见有人还。

长风徐徐，带着柔和的细沙飘行几万里，越过那祁连山，直入中土，留下时光的痕迹。皎洁之月于山那边缓缓升起，在墨蓝的天色和靛青的云间穿行，冷清地俯视这天下。无论是白登道，还是青海湾，只要踏足这里，便有回到想当年的错觉，好似还能看到大汉军队与胡虏纠缠拼杀的画面，悲壮而苍凉。

李白的诗向来气度不凡。他的“长风几万里”充满了江河流泻的魄力，又岂会落了刘邦那“大风起兮云飞扬”的下乘。不过，在这里，无论是长风抑或大风，似乎都能描绘出当年玉门关内的汉朝飞天盘龙之姿，只是人们的视线还未能随着风的步履直入汉廷。如今，我们不妨随着风的脚步，边行边赏汉宫秋月和关外风情。

风过咸阳，吹起了秦宫白色的绫罗纱帘，卷落了秦王朝历史的最后书简，拉开了汉史的序幕。兵刃碰撞的声音似乎犹在耳边，乱世之中必然有人陨落，纵陈胜有鸿鹄之志、项羽力拔山兮，亦未能成为这乱世的胜者，只落得个陨落的下场；乱世之中亦有人成王，刘邦看似幸运，实则步步为营，最终得到了天下。

风过汉宫，吹开了长乐大殿的门扉，几近推倒了长安城的宫墙——治国平天下的言论流泻而出，征西闯北的轻骑从长安城的大门踢踏而过。刘邦、刘恒、刘彻、王莽、刘秀、张良、萧何、陈平、贾谊、窦婴、曹参、董仲舒、霍光、韩信、李广、卫青、霍去病、周亚夫、李陵、司马迁、张骞、班超，这些名字似乎成了名君与能臣的代称，后世几乎无出其右。

而在汉阙深宫里，也藏了无尽的悲欢离合。吕后的深思尚未结束，已然化作宫墙上沉静的驳影；窦氏深谋远虑，依然抵不过时间的打磨；卫子夫的柔软身姿已无法舞动，武帝的目光却永远也落不到金屋角落里的娇娘身上。

风过塞外，卷起无边无际的落日狂沙。“犯强汉者，虽远必诛。”只此一句，即可见当时汉室的奔放气焰。“匈奴未灭，何以家为。”霍去病喊出了他永世不灭的辉煌，也道出了大汉千年的战绩神话。英雄豪杰、功臣武将横空出世，一度把马蹄声带进了亚洲的荒漠，震动了欧洲的边陲，用血汗和辛劳书写了一部瑰丽的青史。

风过史简上的丹青，沥干了过往的人事，无论喜与悲、是与非，只留下了深刻的字迹让人琢磨。不过，汉风虽悄然止步，但凛冽的大漠狼烟似乎仍缥缈于时空中，不肯遁迹；那开疆拓土、东镇高句丽、征伐西域、南安百越、北捣匈奴的情景犹然喧嚣。这就是不甘沉寂的汉朝历史，在千年之后，依旧想要向世人展现的自己的风姿。

书写一部历史，不是为了向世人展现往昔的人情世故，让人为已逝岁月感叹踌躇，而是为了与历史人物身影交错，携手同游，共经盛世兴衰的波澜，体味人生的豪迈与遗憾。汉史所留给我们的，就是这历久弥香的沧桑，诱惑着人们翻开书本去品读。

在本书中，人们可以看到汉朝的各种风情：有雄霸天下，有钩心斗角，有英雄挥戈，有儿女情长……点点滴滴汇集成涓涓史河，供读者饮之止渴。在这里，亦汇集了古今中外史学爱好者和研习者的品史精髓，帮助我们更加清晰地找到两千年以前的时代坐标，理解汉朝的绝韵。

上卷 灭秦兴汉

中卷　长风浩荡

下卷 帝国没落

灭秦兴汉
上卷

第一章 秦朝灭，汉王兴

大破咸阳城

函谷关是中国历史上建置最早的雄关要塞之一，素有“冲要无双”之称。秦国扫平天下之前，函谷关一直是秦国一大门户，就算在秦朝建立后它也是拱卫咸阳的东大门，因此备受秦国重视。函谷关城墙坚固高大，地势险要，绝不是当时只有两万虾兵蟹将的刘邦可以觊觎的。因此，刘邦的战略是，绕过函谷关，从武关、峣关进抵咸阳。

秦二世三年（前 207）八月，刘邦留韩王守阳翟，带张良等人先克下宛，之后准备直扑武关。

这时，赵高已经害死了胡亥，并秘密派人来跟刘邦谈判，愿意开关让刘邦进咸阳，但是要求刘邦封他做关中王。刘邦对赵高的请求不予理睬，执意要打武关。武关之后，还有峣关。所谓关，大抵都是居于“一夫当关，万夫莫开”的险要之地，峣关也是如此。刘邦没办法，硬着头皮就要发兵。

张良连忙阻止：“沛公切莫着急。秦军实力还是很强的，不能小视。此地宜智取，不宜强攻。”于是献上一计。刘邦采纳了张良的计谋，果然不费吹灰之力就拿下了峣关。峣关已拿下，咸阳城就毫无抵抗之力了。

刘邦攻破峣关之后，先于各路诸侯赶到咸阳，驻军于灞上，派人向秦王子婴下书，以保证人身安全为条件，要求子婴投降。

刚刚在王位上坐了四十六天的秦王子婴环顾四周，内无可用之将，外无救亡之兵。一声叹息过后，他乘坐白马素车，自缚出城，携皇帝印玺向刘邦投降。子婴出降，秦的统治就此彻底宣告结束，一个新的王朝即将来临。

咸阳城是秦国财富的聚集地。刘邦军一进城，就被那无尽的财富晃花了眼睛。人人都陷入了疯狂之中，人人都开始了贪婪地抢劫和掠夺。

对于属下的疯狂抢劫行动，刘邦没有制止，也无法制止，就连他自己，第一次走进秦宫的时候，也变得疯狂起来。

刘邦醉了，醉倒在这黄金屋，醉倒在这温柔乡。他品着从不曾喝过的佳酿，面对昔日里绝对会对他不屑一顾的宫中美女，日复一日，夜复一夜，流连忘返。

对于刘邦的堕落，樊哙看在眼里，急在心头。他苦劝刘邦放弃这种骄奢淫逸的生活，立即出宫主持工作。张良也劝刘邦以大局为重，莫被暂时的安逸冲昏头脑，莫忘记项羽的威胁，赶紧撤回灞上。

听了樊哙、张良的先后劝说，刘邦沉吟良久。最终，刘邦带着几分不舍走出了皇宫。他把宫中的金银财宝全部封存起来，没敢私藏，准备等诸侯聚齐再做打算，自己则带着士兵返回灞上。

虽然名义上暂时还不能做咸阳的主人，但是刘邦没有就这么放弃。他以临时占领者的身份，把关中诸县说了算的地主、豪强、乡老召集到一起商议大事。

在会上，刘邦大声说："诸位父老乡亲，你们受秦朝严刑峻法之苦太久啦！秦朝的严刑峻法诸位也都知道，诽谤朝廷和皇帝的，要族诛；就连两个熟人见面说个悄悄话都可能被砍头。现在咸阳被我占领，秦朝已经灭亡了。我起兵的时候，跟诸侯有约，谁第一个占领咸阳，谁就做关中王。我侥幸占了先，那么将来关中这块地方就是我的地盘了。我不像秦朝那么霸道。今天，我跟你们约定，我定的法律就三条：杀人者，死罪；伤人者，按情节轻重论罪；盗窃、抢劫者，按情节轻重判刑。这些都按照秦朝原本的规定来。其余的，所有以前秦朝的法律，全部废除！所有官吏职位不变，即刻履行职责，百姓们请安居乐业，不要恐慌。总之，我到这来，是要为父老们除害，不是来侵犯你们的利益的，所以请不要害怕！我现在把军队撤回了灞上。等各路诸侯到来，我们再共同制定规矩，然后我再来领导大家共建关中！”

跟诸县管事的交代完，刘邦又怕这些管事的为了谋取私利不跟下边的人说，让自己打造群众基础的企图白费，于是他当即派人跟着地方官到田间地头去巡视，向老百姓宣传自己的主张。

听说刘邦废除了严刑峻法，免除了苛捐杂税，关中百姓欢呼雀跃，纷纷杀牛宰羊，载歌载舞地到灞上犒军。

刘邦有心在关中为王，老百姓也拥护。可刘邦想当关中王，还得看项羽答应不答应。而项羽的意见只有两个字：休想！

鸿门宴

巨鹿之战后，王离被俘，章邯投降，项羽率军雄赳赳气昂昂地向函谷关进发。到了函谷关，只见雄关城门紧闭。项羽派人邀战，却发现函谷关上是刘邦的人马。虽然是自己人，但是看见项羽来了，守关将士却拒不开关放行。

项羽听说刘邦已经拿下咸阳，还派了兵在函谷关堵他，当即传令，命大将英布立即强行攻关。在英布等人的带领下，联军迅速破关。项羽杀气腾腾，直奔咸阳而来。

项羽军兼程而行，很快于十二月中旬抵达戏水，在新丰鸿门就地扎营。在项羽军西面，就是驻扎在灞上的刘邦军。两军相距约四十里地。

项羽的亚父范增早就看出刘邦不是甘居人下之人，因此将刘邦视为项羽的大敌，此刻他对项羽说：“我曾经了解过，刘邦这

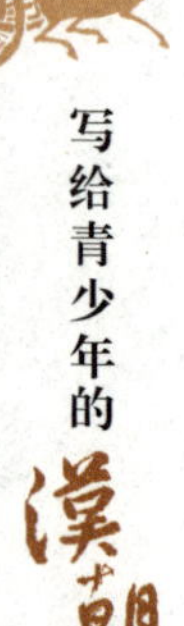

人是出了名的贪财好色之徒，听说他在老家当亭长的时候，明明有老婆，还有个情妇，另外跟两个开酒馆的女人也不清不楚，还总欠酒账不还。就是这么一个无赖自从进入关中后，听说就像变了个人一样，不贪财好色了，这不是很奇怪的事吗？由此可见，刘邦是在故意作秀，野心可不小啊。我曾请人夜观天象，发现刘邦头上有天子才具有的五彩斑斓的龙虎之气。将军应该赶快除掉刘邦，以免养虎为患！”

项羽听了更加着急——刘邦当天子，他项羽做何去？于是，项羽传下军令：今晚饱餐战饭，明天一早随他消灭刘邦。

也许是刘邦命不该绝。项羽要打刘邦，但另外一个人却不允许，此人正是项伯。项伯是项羽最小的叔叔。当年项梁惹是生非到处逃亡的时候，项伯也杀了人，逃亡在外。

项伯逃亡的时候，曾经到下邳投奔张良避难，得到了张良的关照，因此，项伯很感激张良。他早就听说张良正跟着刘邦，此时听项羽传令第二天要举兵攻打刘邦，便趁着夜色，溜出军营，奔到灞上，跟张良讲了事情经过。

张良急忙来见刘邦，把项伯的话学了一遍。刘邦大惊失色，连声问该如何是好。张良胸有成竹：“这事还得着落在项伯身上。您赶紧跟项伯解释解释，让他帮您说说话。好歹他也是项羽的亲叔叔。”

刘邦当即让张良把项伯请进来，用对待哥哥的礼节对待项伯，还把自己闺女许给了项伯的儿子。这样一来，俩人成了亲家，刘邦就开始转入正题，再三解释说自己没有二心，恳请项伯在项羽面前说情。

都成了亲家了，项伯哪能看着刘邦死？他当即拍着胸脯答应帮刘邦说情，并叮嘱刘邦：“我一会儿回去就跟项羽说。但你明天一早就要到鸿门请罪。你可一定要听我的，一定要来。这样我才能保住你。”

项伯连夜又赶回鸿门来见项羽，把刘邦跟他讲的那些话又向项羽学了一遍，然后又说："要不是刘邦先破关中，你能就这么长驱直入吗？刘邦那是立下大功的。你现在要杀他，太不仗义了。你别听别人胡出主意，反倒应该善待刘邦，免得大家寒心。"

听叔叔这么一说，项羽又改主意了，决定不杀刘邦。

第二天一大早，天刚蒙蒙亮，范增就起床了，准备跟项羽出征，却听说项羽又不准备攻打刘邦了，气得面色铁青。后来他听说刘邦一会儿要来赔罪，心想：正好在这里杀了他，省了一场大战。

不久，刘邦即带着张良、樊哙，在百余人的护卫下来到鸿门求见项羽。刘邦一见项羽，当即拜倒。

项、刘二人尽释前嫌之后，项羽挽留刘邦喝酒。项羽、项伯、范增、刘邦四人分宾主落座，张良作陪。侍者川流不息，顷刻间就摆上了酒菜。

坐在一边的范增哪有心思喝酒，冲着项羽连连使眼色，示意项羽赶紧动手。可是项羽却装作没看见。范增看项羽指望不上，赶紧出来找项羽的堂弟项庄帮忙。项庄按照范增指示走进帐来，装作为众人助酒兴，提出舞剑。项羽知道项庄葫芦里卖的什么药，他自己不好意思下手，乐得别人来背这个黑锅，立即表示同意。

项庄拔出宝剑，一边出招，一边往刘邦身前凑，准备下手。项伯在旁边坐着，发现不对，立即拔剑而起，用自己的身体护住刘邦，跟项庄对舞。项庄哪敢连叔叔一起砍，只好兜着圈子寻找机会。

眼见着项庄不杀刘邦誓不罢休，张良急忙出去找樊哙。樊哙听说沛公有危险，按剑持盾，硬生生撞倒守卫，闯入大帐，睁着两只豹眼狠狠地瞪着项羽，气氛很尴尬。

刘邦赶紧趁这个机会装内急："将军，不好意思，我方便方便，去去就来。樊哙，来扶我出去。"说着，刘邦在樊哙的护送下直奔茅房而去。人有三急，也不能拦着，项羽就坐在那儿等。等了半天，刘邦没回来。项羽一皱眉："怎么这么久？陈平，张良，你俩去找找，酒还没喝完呢。"

这鸿门宴就是个火坑，刘邦哪能回去送死？他有心直接跑回灞上，可是不跟项羽告辞又怕项羽发怒；去告辞，又怕肉包子打狗，一去不能回。正犹豫间，樊哙说："您犹豫什么呀？现在都什么时候了，他们就是刀子和砧板，我们就是鱼肉，跑还怕来不及呢，告什么辞啊！"

刘邦一想，也是这个理，于是把自己带来准备送给项羽的一对白璧和准备送给范增的一对玉斗转交给张良，让张良代为送礼，并且一再叮嘱："子房，你先不忙进去啊，我抄小路回去，不过二十里地。你估计着我到了军营，再回去见项羽！"说完，刘邦也顾不上那一百来个随从了，就弃车骑马，在樊哙、夏侯婴、靳彊、纪信四个人的护送下顺着小路跑了。

项羽分封天下

刘邦逃回灞上之后，张良这边估算时间差不多了，便带着礼物回去见项羽，谎称刘邦不胜酒力，无法面辞，先行告退，留下自己代为献上礼物。项羽接过两块白璧，颇为满意。范增气得胸闷，接过玉斗丢在地上，拔出剑来砍得稀碎，跺着脚骂道："我真是没办法跟你们谋划大事！天下必将被刘氏所夺，我们将来都要成为俘虏！"

以后的事，项羽看不到那么远。刘邦讨饶之后，项羽的心思就全部转移到眼前的咸阳上了。

项羽进入咸阳，洗劫一番后，把抢到的财物、女人、壮丁象征性地分给了诸侯一些，又赏赐了麾下的有功将士，余下大部分自然是归自己所有。

秦朝既灭，自认为是诸侯领袖并且也得到诸侯认可的项羽，自然要论功行赏。

这时候，摆在项羽面前的有三个选择，一是学习西周姬发称王，分封家族子弟；二是沿袭春秋战国，分封各路诸侯为王，自己为霸主；三是学习秦始皇，放弃分封，独揽天下。

秦始皇，项羽并不想学。学习周武王也不行，因为春秋战国时期的深远影响，秦末起义的英雄豪杰们都有裂土封王的愿望。对于大多数人来说，统一中原、成为九州之主，这种目标太过遥远，占据一块地盘当王则容易许多。因此，项羽在灭秦之后，顺应了大多数人的愿望，裂土封王，恢复春秋战国时列国并存、盟主主宰天下的政治局面，选择了霸业，而不是继承秦朝的帝业。

头一个要封的，是项羽自己。项羽自立为西楚霸王，以九个郡为封地。第二个是刘邦。项羽把刘邦封为汉王，封地是巴蜀和汉中。同时他又把八百里秦川一分为三，封三个秦朝降将为王，目的就是把刘邦死死地堵在巴蜀，不让他出来。

封章邯为雍王，封地为咸阳以西，紧挨着刘邦；封司马欣为塞王，封地为咸阳以东至黄河；封董翳为翟王，封地为西至今甘肃正宁、内蒙古毛乌素沙地中部一线，北至今内蒙古鄂尔多斯市以北，东至黄河，南至今陕西铜川王益区、黄龙一线。其他诸侯，也各有分封。

从这次分封里，可以看出来很多东西。

第一，对刘邦、三降将的分封是为了解决刘邦这个隐患，牢牢地掌控关中。刘邦本身是南方人，手下大多也都是江浙、河南人。不能回老家也就罢了，谁愿意到巴蜀去？死在那儿，魂都归不了故里。把刘邦封到巴蜀，对刘邦军心、士气的打击显然不小。

而章邯、司马欣、董翳三人，全都是秦朝时的官吏，是秦人治秦地，谁也不能说他项羽不公道。可是这三个人毕竟是害得二十万子弟被坑杀、秦国被灭亡的罪魁祸首之一。三人要在关中立足，就不得不依靠项羽的支持，不得不对项羽俯首帖耳，唯命是从。同时，三分关中，又能防止某个人独大，成为隐患。因此，项羽虽然没占据关中，但实际上也已经等于把关中收入了囊中。

第二，对于刘邦、章邯等人以外的新旧贵族和割据势力，项

羽采用打压旧贵族、安抚新势力的手段，将根深蒂固的旧贵族割据势力调离各自的地盘，让亲近他的新兴势力取而代之。这就使旧贵族势力大减，失去威胁，也让亲近自己的势力尝到甜头，更加服从，同时还制造了诸侯间的矛盾，让他们互相攻击、怨恨，无法对项羽构成威胁。

第三，诸侯封地的设置，也是本着互相牵制的原则，防止某一个诸侯突然崛起。

这次分封的最终结果就是：对项羽可能造成妨害的，打压、排挤，扔根骨头让他们啃去；对项羽唯命是从的，则都能有口肉汤喝。

项羽的如意算盘打得是不错。但是，他的封赏真的能让亲楚势力满意吗？被打压的诸侯真的甘心受欺负吗？

项羽种下的矛盾太多了，但他却并没有控制这些矛盾的能力。天下勠力抗秦的暂时联盟至此解体，诸侯大混战的序幕悄然拉开。

刘邦赴汉中

刘邦被封为汉王后，老谋深算的范增并没有就此罢手。他自认纵使刘邦是只雄鹰，自己也能将之握于掌中。于是他索性让项羽不放诸侯回去，争取找机会多收拾几个，也好减少未来的隐患。

这样一来，刘邦又开始发愁。不能回到封地，在项羽眼皮底下的他是一动都不敢动，生怕让项羽抓到杀他的借口。总这么下去，何时才能出头？无可奈何之下，刘邦又派人向张良问计。

张良也有黔驴技穷的时候，想不出什么好主意。想来想去，他决定找陈平商量商量。陈平出身贫寒，自幼酷爱读书，尤其喜欢黄老之学。大泽乡起义爆发后，魏咎被立为魏王。陈平觉得这是个光宗耀祖的好机会，赶奔临济投靠，随后又因为不得魏豹赏识，转投到项羽手下做谋士。

项羽欣赏那种膀大腰圆、威风凛凛之人，陈平则是个美男子，细皮嫩肉，身体纤长。长成这样，项羽自然不待见他。郁郁不得志的陈平在鸿门宴上见到了刘邦，觉得这才是他应该追随的人。

陈平早有心归汉，此刻张良前来拜访，两人一见如故，相谈甚欢。张良一番试探之后，最终说出了来访的意图。陈平乍一听也皱眉，思考片刻后，说：“要让项羽放汉王回封地，本来容易，因为有范增在，所以才成了难题。既然这样，要救汉王就得首先把范增弄走，不然就绝无可能。这事你别管了，看我的吧！”

第二天，陈平求见项羽，给项羽献了一条妙计：“您不是讨厌怀王吗？您不如给怀王封个‘义帝’的尊号，以‘帝王当居上游’为由让怀王迁都到郴县，您占据彭城为都。这样，您不就可以逐渐名正言顺地号令天下了吗？”

陈平的这个建议正对上了项羽的心思，等到范增来拜见的时候，项羽迫不及待地把陈平的建议说了一遍，谎称是自己想出来的。范增听项羽说完，立即响应，甚至声言自己要亲自去办理此事。此举正中陈平下怀。

当即，项羽便向诸侯宣布了这一决定。项羽宣布完决定之后，范增就出发了。动身之前，范增一再叮嘱项羽：千万不能让刘邦回封地。项羽信誓旦旦地保证了一番。

等范增走远了，陈平又跑来见项羽说：“大王，这么下去不行。诸侯们都聚集咸阳，现在一共五六十万人马，每日耗费钱粮无数，老百姓负担不起不说，我们也得天天往里搭钱。不赶快让诸侯们回国，可就要出乱子啦！”

项羽一听，也意识到问题的严重，马上下令让各路诸侯立即回国，远者限期十天动身，近者限期五天动身，即刻准备，不准耽搁；汉王暂留在咸阳，与楚王共商大事。

单独扣住刘邦，项羽此举完全在陈平的意料之中。在陈平的授意下，刘邦突然向项羽请假，要求回故乡省亲。项羽犹豫了，不让刘邦回去，是不近人情；让刘邦回去，不知道刘邦此举有什么图谋。

这时张良站出来故意反对，说：“汉王回去，肯定是要接取家眷或者占据沛县称王。您不能让他回去，莫不如以巴蜀亟须安定为由命他赶紧去汉中，同时派人去沛县取他的家眷做人质，让他不敢有异心。”

陈平也在一旁接道：“大王既然封刘邦为汉王，且已经布告天下，如果硬是不让他上任，恐怕不足以取信天下，造成恶劣影响。倒不如依张良的计策而行，既可以保全信用，又可以约束汉王。”

项羽想了又想，同意了，命令刘邦以国事为重，赶紧安抚巴蜀，省亲之事以后再说。刘邦得了项羽的命令，唯恐夜长梦多，马上整顿队伍准备出发。

刘邦原本有十万人马，但是被项羽使了手段分给别人，最后只剩三万，刘邦却不露声色，毫无怨言，使得天下豪杰刮目相看。诸侯中有数万人就因为觉得跟着刘邦比较有奔头，转投刘邦，愿意跟着他去汉中。

刘邦率军赴汉中，张良一路相送，直送到汉中境内这才止步，君臣洒泪而别。临走的时候，张良叮嘱刘邦务必烧掉沿路走过的栈道。

张良让刘邦烧掉栈道，一是为了防止在刘邦还未站稳脚跟的时候，诸侯通过栈道前来袭击；二是为了向项羽表示自己没有重返中原的打算，使项羽放松对刘邦的警惕；三是为了减少将士的逃亡，没有返乡的坦途，除非艺高人胆大，不然谁敢翻山越岭地逃跑？

刘邦火烧栈道之举果然让项羽开怀大笑：刘邦是真怕我啊。不管你是假意要讨好我还是真心服软，既然烧了栈道，这辈子你就别想出来了。既然你安心做汉王，我项羽大人大量，也不会找你的麻烦。

刘邦有了做猛兽的觉悟，项羽却没有即将被吃掉的警觉。项羽一生中最可怕的对手，就这样在他的大意中成长起来了。

义帝熊心离开彭城不久，项羽再也按捺不住，急切地想要回到故乡，去炫耀他的权势和功绩，去接受百姓的欢呼和群臣的朝拜。

【专栏】

楚霸王的冤案

传说，项羽不仅烧了咸阳城，还烧了阿房宫。

后世提起项羽纵火，不恨其毁了咸阳城，独恨其烧了阿房宫。究其原因，概因阿房宫足以与古巴比伦的空中花园媲美，成为又一世界奇迹。项羽就这样焚毁了中国人可以引以为荣的一大建筑奇观，教人如何不恨？

其实，在焚毁阿房宫这件事上，项羽倒是冤枉了。

据阿房宫考古工作队对现存的秦代阿房宫前殿遗址历时两年多的全面考古勘探，结果仅发现秦时城墙的遗迹和大量的秦、汉瓦片，却没有发现殿址、明柱、廊道、排水设施，甚至连基本的建筑材料瓦当都没有，这不能不说是一件怪事。更为奇怪的是，在这些遗迹中，并没有发现焚烧过的痕迹。

如果说项羽当年真放了那么一把火，是绝对不会找不到痕迹的，如考古人员就曾在咸阳宫遗址发现大片的红烧土遗迹，而阿房宫遗址并没有火烧痕迹，这表明阿房宫并非毁于大火。而且司马迁《史记》中的记载，也没有提到项羽火烧阿房宫的事。

其实，根据考古学者的考证和研究，项羽所烧的是咸阳宫，秦王的居所。

那么，项羽为什么没烧阿房宫呢？是他突然发善心因而手软了吗？显然不是。根据《史记·秦始皇本纪》记载，阿房宫是从秦始皇三十五年（前 212）开始规划施工，嬴政驾崩的时候一度停工，到秦二世元年（前 209）四月才又开始修建，到胡亥被逼自杀时停止修建，算起来最多也就四年的时间。而且，这么大一个工程，规划设计就需要一段时间，再加上征集壮丁，实际施工时间还要短得多。如此规模浩大的阿房宫，在这么短的时间无论如何也不可能建成。根据记载，秦始皇、秦二世和秦王子婴三位秦王在咸阳的居住、办公地点都是咸阳宫或望夷宫，没有去过阿房宫。这也表明阿房宫当时尚未建成。

没有建成的阿房宫工地上，当然只有土坑，不可能堆放金银财宝，也不可能住着美丽的宫女，当然也不会引起项羽的兴趣。所以说项羽烧了阿房宫，这是一大历史冤案。

第二章 楚汉争霸谁能赢

田荣发难

刘邦在汉中积极为重返中原做准备，因为道路闭塞，包括项羽在内的其他诸侯并不知情。此时的华夏大地一片宁静，人们仿佛又迎来了乱世之后的和平。

然而，平静的表象下，暗潮汹涌。由于项羽是个爱憎分明的人，这直接导致了他无法成为一个合格的政治家。在处理齐国的态度和方式方法上，项羽的这种个人主观感情色彩尤为明显，以至于制造出了不可化解的矛盾。

田都拿鸡毛当令箭，得到项羽任命后就来到齐国上任。对此，田荣当然不能容忍。田荣不仅坚决拒绝接受项羽迁齐王去即墨的命令，而且立即率军向田都发起攻击，同时也秘密联络其他受到苛待的诸侯倒项。没有根基的田都面对愤怒的田荣，果断做出选择——逃回楚国。

这时候齐王田市，也就是田儋的儿子、田荣的亲侄子，因为对项羽心怀畏惧，对叔叔的反抗行动非常不赞同，竟然主动溜到胶东，要按项羽的安排改做胶东王。不成器的侄子做出的这种背叛家族的行为使田荣凶性大发。田荣带人日夜兼程，终于在即墨追上田市，并将田市亲手斩杀，自立为齐王。此时，济北王田安也已经到博阳即位。对于仇人田假的侄子，田荣当然不会放过，立即发起攻击，将田安杀死在战场上。至此，田荣占据了原属齐国的全部土地。

田荣打响了反对项羽的第一枪，自然知道必定会遭到项羽的报复，也知道仅凭一己之力绝不是楚霸王的对手。单丝不成线，孤木不成林，田荣开始广结党羽。

在攻打济北王田安的时候，田荣偶然遇到了彭越。自从与刘邦分手之后，彭越手下逐渐积累了一万多人，在巨野的深山老林里游荡，没有投靠任何诸侯，也没有参与各路诸侯进攻咸阳的行动。结果，彭越被诸侯们遗忘了。

田荣发现没有政治倾向的彭越如获至宝，立即派人赐给印绶，拜彭越为将军，请他作为自己的战友去攻克济阴，协同自己攻打田安。

彭越现在正处于尴尬境地。秦国已经灭亡，天下已经成了诸侯的天下。为了生存，彭越亟须一个合法身份。虽然田荣有意拿彭越当枪使，但彭越别无选择，只好接受田荣的任命，协助田荣消灭了田安。

田荣率先对项羽发难，惊起了陈馀。

巨鹿之战后，陈馀一怒之下弃印归隐，在南皮带着好朋友们渔猎，张耳则跟着项羽一直到了咸阳。大分封之时项羽本来不打算封赏陈馀，但是在项羽手下混饭吃的陈馀的昔日门客比较够意思，跟项羽讨了封。项羽琢磨了一下，就把南皮等三县封给了陈馀。

陈馀不满此封赏。因为他举目一瞧，昔日的好兄弟张耳就因为跟随了项羽，如今已经成了赵国的王，连赵王歇都被张耳挤走了。如果是别人封了王，陈馀还不恼，但是张耳夺了陈馀的兵权，是陈馀恨之入骨的仇人。正是因为被张耳夺了兵权，陈馀靠着门客说情才得到四个小县，张耳却是数郡之主。这样陈馀如何能不愤怒呢?

原本张耳势大，陈馀则不堪一击。偏巧，田荣反了。陈馀当然不能放过这个可以利用的机会。他立即派了能说会道的张同、夏说秘密前往齐国，游说田荣。田荣正愁战友不多，焉有不肯答应的道理？当即拨给陈馀一支队伍。陈馀得到增援，又把自己封地内的士兵全部带上，对张耳发动了突然袭击。张耳被陈馀打了个措手不及，一败涂地。

陈馀迎赵王歇复为赵王。赵王歇也识趣，转手就把项羽封给自己的代国转封给了陈馀。这一下，主客异位，流落江湖的陈馀重新崛起，成为代王，而刚刚还是赵王的张耳却要亡命天涯了。

去哪里安身立命？张耳左思右想，最终投奔了刘邦。

暗度陈仓

田荣造反的消息很快传遍天下。几乎在得到消息的同时，刘邦行动了。

在送刘邦到汉中，告别之际，张良除了留下“火烧栈道以安项羽之心”的计策，还给刘邦制订了“积巴蜀之财富，取道陈仓还定三秦”的计划。

陈仓就是今天的陕西省宝鸡市，位于八百里秦川西端，是关中与汉中之间的咽喉。在从汉中到陈仓之间，有一条崎岖难行的小道。后来，因为栈道的铺设，这条小路渐渐荒废，逐渐就被人遗忘了。因此，对于这个方向，章邯等人没有设防。

要出汉中，必先得陈仓；要得陈仓，现在只有这条被忽略的小路可走。但是，如果汉军明目张胆地从这条小路杀出去，章邯等人的斥候也不是吃素的，肯定能及时察觉。到时候，三秦大军蜂拥而来，结果就只能是把汉军死死地堵在陈仓之前。所以，夺取陈仓的行动，必须要做到神不知、鬼不觉，容不得半点闪失。

对此，大将军韩信早有算计。他首先把临武侯樊哙、威武侯周勃找来，命樊哙、周勃带一万人马修复栈道，限期一个月内必须修完。最高明的阴谋，首先要骗过自己人。为了保密，韩信并

没有把计划告诉其他将领。

樊哙、周勃这边刚一开始施工，摆出要从褒斜道出兵的架势，消息就被探子报告给了章邯。章邯听了哈哈大笑："汉王是不是受刺激变糊涂了？早知道今天，谁让你当初烧来着？任你修去，等你修过来，我再把你打回去。不仅如此，我还要顺着你们修好的栈道杀进汉中，让你们死无葬身之地。"

章邯被韩信蒙蔽了，他真以为汉军打算从原路杀出来，于是把注意力全都放在栈道方向。

汉军备齐了粮草，休整完毕，开始行动了。

刘邦和韩信率领大军从南郑出发，穿过被荒草覆盖的羊肠小道，神不知鬼不觉抵达陈仓，不费吹灰之力打败了毫无防备的陈仓守军，占领了这座咽喉之城，并派军从陈仓古渡口渡过渭河，倒攻大散关。

汉军攻取陈仓的消息传来，章邯惊呆了。章邯没有时间仔细追究，急忙调兵，试图夺回陈仓，掐断汉军的生命线。

此时，明修栈道的樊哙、周勃接到命令，顺山路杀了出来，与韩信会师。敌我双方交织在一起，陈仓古城顿时变成了绞肉机，无数个鲜活的生命在战场上消逝。

汉军打了个漂亮的大胜仗。章邯在汉军的追杀中仓皇向好畤方向逃跑。汉军衔尾追击，在好畤再次打败章邯。无奈之下，章邯只好带着残兵败将逃回了废丘城，坚守不出。

刘邦一面派重兵围困废丘，一面命令其他大将分别攻打塞国、翟国。连章邯都挡不住汉军，司马欣和董翳更不是对手。没交手几回，汉军就打得塞军、翟军丢盔弃甲，直杀得塞王司马欣、翟王董翳开城投降。没用多长时间，除了废丘，八百里秦川全都落入了刘邦的掌握之中。

然而，章邯毕竟不是浪得虚名。他并没有绝望，而是坚持防守，拒不投降。章邯认为项羽绝不会坐视刘邦重返中原，一定会派大军前来支援。他只要坚持到那一天，汉军必将死无葬身之地。因此，在汉军的围攻之下，章邯全力施为，居然把废丘守得滴水不漏。摇摇欲坠的废丘偏偏不倒，一天天地消磨着汉军的耐心。

但令章邯没有想到的是，项羽根本没有管他的死活，直接带着大军去打田荣了。

早在得到田荣造反的报告后，项羽就派萧公角等人攻打彭越，自己则整顿人马，准备出兵。就在这时，刘邦兵进汉中的报告也送到了。

本来，田荣与刘邦相继行动，项羽一时也难以决断先打哪一个。但是，考虑到范增一直坚持除掉刘邦的要求以及自己对刘邦的厌恶，项羽更倾向于先打刘邦。

正在这时，萧公角等人被彭越打败的消息传来，张良也突然来信了。

却说张良在汉中辞别刘邦以后，直接返回了韩国。当时，韩王成并不在国内。原来，韩王成当初派张良协助刘邦进咸阳以及张良一直跟刘邦保持密切往来的事情，令项羽大为恼怒，更把韩国的协助视为刘邦先入咸阳的重要因素。因此，分封天下完毕，项羽在回家的路上顺手就把韩王姬成给捎上了，硬把韩王成从咸阳带到了彭城。

在彭城，项羽很快就把韩王贬为韩侯。没过多久，也就是在田荣杀死济北王田安的前后，得知刘邦杀出汉中时，项羽把韩王成也杀了。身为韩国贵族、一心扶持韩王的张良得知消息，胸中恨意滔天。他料定项羽肯定要先打刘邦，这才本着要坑项羽的目的，打着为项羽考虑的借口，写了封信。

张良在信中说：刘邦只不过是打算取回自己应得的东西罢了，没有东进的意图。你项羽违背了当初的约定，这是你不对，你就不该阻止刘邦。齐国和赵国现在已经是公然造反了，证据确凿。你应该去打他们。

项羽是个好面子的人。他自己也知道，不管怎么说，刘邦先进了关中，自己却把人家撵到巴蜀去，这事做得不仗义。现在刘

邦自己去取，合情合理。更何况，章邯是杀死了项羽伯父项梁的人，项羽犯不上为了救章邯背上负义的名声。再说，田荣和陈馀不仅在项家需要的时候从来不曾施以援手，而且一直没对项羽表示过臣服，如今更是煽动诸侯倒项。应该打谁，显而易见。

于是项羽非常配合地中计了。他放弃了西进支援章邯的计划，准备北上攻打田荣。就在这时，汉将王陵率一路人马即将抵达阳夏的消息传来，使项羽对刘邦产生了一丝警惕。他连忙封好友郑昌为韩王，让他抵挡刘邦，同时又派出一路精兵在阳夏拦阻王陵。

张良把写给项羽的信送出之后，开始了人生中的第二次逃亡，投奔了刘邦。

陈平归汉

项羽的大军杀进齐国后，与田荣指挥的齐军在城阳会战。项羽的楚军将齐军杀得狼狈逃窜。田荣在心腹的保护下逃跑，不料在平原县被县里的人杀了。

田荣死了，他的弟弟田横还在。田横收拢了万余人马，重新占据城阳。此时，连续作战的楚军已经开始疲惫、思归，齐军却在保家卫国热情的鼓舞下变得勇敢顽强。此消彼长之下，楚军与齐军交战数场，始终未能夺回城阳。

在项羽跟齐人纠缠期间，仅凭一封书信就改变了项羽作战计划的张良已经逃到了刘邦身边，从此正式成为刘邦的臣子。

为了进一步给项羽制造麻烦，同时为了成全张良对韩王的感情，刘邦特意选择了韩国宗室后裔韩信，承诺将封他为王，命他夺取韩国。

刘邦选择的这位韩国宗室后裔，是战国时期韩国第十九代国君韩襄王庶子之子，也就是韩襄王的孙子。

韩信带了大军杀到韩国，新任韩王郑昌不禁打，而项羽又被绊在城阳不能支援。因此，在韩信的进攻下郑昌很快投降。刘邦履行约定，当即封他为韩王，史书称作韩王信。项羽的失策不仅仅是丢了一个韩国，还给死对头刘邦送了一宝——陈平。

原来，在汉军出陈仓围废丘的时候，刘邦带着兵马往东靠了靠，离着殷国就不远了。殷王司马卬没等刘邦杀到，马上就降了汉。项羽急忙拜美男子陈平为武信君，让他带人平叛。陈平还真行，带着人马杀到殷国，刚打了三两下，司马卬又毫不含糊地降楚了。大喜过望的项羽当即封陈平为都尉，赐黄金四百两。

没想到，陈平的滋润生活并没过上几天。当时，刘邦见项羽在城阳跟田横大眼瞪小眼，乘机溜了出来，直奔殷国而去。这位殷王司马卬跟没骨头一样，立即再度降汉。司马卬的再次叛变令项羽怒火万丈。项羽把司马卬的这次叛变归咎于陈平。在他看来，如果陈平像他一样宰了司马卬、坑杀殷国降卒，刘邦哪会捡到这个大便宜？眼见着局势崩坏，自己又不能脱身，本来就暴躁的项羽有些发疯了，传出话来要杀陈平出气。陈平哪会给项羽这个机会，当即挂印封金，表示跟项羽恩断义绝，单人独剑去投刘邦。

一路上晓行夜宿，陈平到了修武，通过汉将魏无知的引荐，与另外六个来投刘邦的人才一起得到了刘邦的召见。

刘邦领着七个人吃了顿饭，吃饱喝足之后，他抹了抹嘴："好了，吃完了，都下去休息吧！"另外六个人唯唯诺诺地退下去了。陈平一看，心想：要遭！今天见了汉王一面，下回指不定什么时候才能再见。那这段日子里我算干吗的呢？他马上对刘邦说："大王且慢，臣来见大王是有要事，必须今天跟您说，要不就来不及了。"刘邦一时好奇，就留下来听陈平细说天下大势。

听过之后，刘邦大喜，知道今天又遇上人才了，马上问："你在项羽那当什么官？"

陈平回答："项羽封我做都尉。"

刘邦当即拍板："好，我也封你做都尉，你先干着，等立了功，还有封赏！"

都尉是仅次于将军的武职，没等陈平立功，刘邦就赏了陈平这样一个比较高的职位，还让他兼任参乘、护军，在自己身边担任警卫，以便于随时问策，同时负责调节各将领间的关系，监督诸将。

刘邦的任命一下，诸将不高兴了，纷纷议论："大王刚得了楚国的一个逃兵，还不知道他本领的高低呢，就跟他同乘一辆车子，让他监督我们这些老将。这叫什么事啊！"刘邦听到属下的议论，反而更加宠信陈平。他可不怕手下跟陈平有矛盾，因为越有矛盾，陈平才越不会包庇这些将领。君王之道就在于制衡，绝不能让自己的臣子成为一块铁板。刘邦自然深谙此道。

刘邦得了陈平，文有萧何、张良、陈平、曹参、郦食其、陆贾等出谋划策，游说纵横；武有韩信、张耳、卢绾、樊哙、周勃等领兵作战，冲锋陷阵，掌控着巴蜀、汉中、雍国以外的秦川、河南，又有韩国、西魏跟随，还有齐国、赵国、代国对楚国的牵制，形势一片大好。

项羽这个昏着儿迭出的西楚霸王，就这样把一位又一位可以辅佐他成就帝业的人才、可以做助力的盟友送给了刘邦。

【专栏】

义帝之死

就在项羽的军队走在讨伐田荣的征途上时，在风景婉约的深秋江南，正上演着一幕凄凉的惨剧。手持利刃的楚将将宝剑猛地刺去，芈氏家族最后一位王义帝熊心，就这样瞪大着双眼，倒在了血泊之中。

杀死义帝熊心的，是英布的属下。而命令英布杀死熊心的，正是熊心昔日的臣子、今日的西楚霸王——项羽。

对于项羽而言，熊心是个没用的废物。其实，对于刚刚起兵反秦的项氏家族而言，熊心曾是一把保护伞，是一面聚将旗。有熊心坐在楚王的位子上，才使得项梁、项羽能够顺利地招兵买马，得到楚人的拥护。其实，项氏与熊心之间，不存在谁对谁有恩、谁对谁负义的问题，而是彼此利用的关系。无论对其中哪一方而言，另一方都既是战友又是敌人。当秦国这个第一目标消失后，项羽和熊心就只能是你死我活的局面。显然，熊心并不具备反戈一击的实力。

对于熊心，历史上有很高的评价。宋朝大文人苏轼在《论范增》一文中就曾称赞说：“吾尝论义帝，天下之贤主也。独遣沛公入关，不遣项羽。识卿子冠军于稠人之中，而擢为上将。不贤而能如是乎？”

在项梁掌权期间，没有机会反击的熊心非常能忍，没有轻举妄动。项梁刚死，熊心就抓住这个机会出击，迅速剥夺了项羽以及吕臣的兵权，又拉拢吕氏，用吕青、吕臣父子为重臣，制衡项氏势力。同时，他还提拔对项氏不满而且没有根基的宋义为上将军，又让刘邦独领砀郡兵卒，以进一步打压项羽。这些充分证明熊心

胸中有城府，行事很果断。

在接下来的反攻秦国行动中，熊心也坚决不给项羽机会，让刘邦负责西进咸阳，让宋义带着项羽在安阳吸引秦军主力，拒绝了项羽“愿与沛公西入关”的请求。

虽然史书记述不多，但仅从这两点就可以看出，熊心是一个头脑清醒、善于决断的人。但是，熊心犯了一个致命的错误，就是错用宋义。宋义显然是一个眼高手低、纸上谈兵之辈，不堪大用。熊心却被宋义的名声和口才蒙蔽，拜其为将。结果，项羽斩杀了自以为是的宋义，又漂亮地打赢了巨鹿之战。兵权落到项羽手中，熊心再度成为傀儡。当然，用宋义，对于熊心来说也是无奈之举。因为他没有机会接触军事，也没有时间去慢慢考察人才。

重新被项氏控制的熊心很清楚自己的命运。所以，他以毫无商量余地的语气应对项羽的试探，杜绝了项羽借其大义名号占有天下的可能。这一行动显然使熊心死亡的时刻被大大提前了，但也显然给项羽制造了巨大的麻烦。

熊心就这样匆匆登上历史舞台，又匆匆退场。

第三章 西汉王朝拉开帷幕

相持阶段

项羽久攻城阳不下，被田横拖在齐国。汉王刘邦在河南边上晃了几圈，发现项羽根本没心思理他，便立即点齐人马直奔彭城，企图捣毁项羽的老窝。

在路上，刘邦得知了一件事：义帝熊心被项羽杀了。这可是鼓动天下人反项羽的一个绝佳借口啊！刘邦心里欢喜得不得了，表面上则伤心欲绝，号啕大哭，为义帝举办了持续三天的隆重丧事，以向世人展示他的有情有义，同时突出项羽的无情无义。

挥着大义的旗子，刘邦带人杀入楚国，兵临彭城。楚国的主力队伍正跟着项羽打田横，国内空虚，被刘邦捡了便宜，彭城迅速被攻破。刘邦进了彭城，得意扬扬，把项羽王宫中的女子和金银财宝一并收归己有，每日里大摆筵席，聚众畅饮。这时候樊哙被派出去攻打楚国其他城池，张良则因身体不好而一直休养。刘邦犯了老毛病，可惜没人在他身边规劝。

刘邦以为项羽就这么完了，项羽当然不能如刘邦所愿。在得知汉军杀奔楚国的时候，项羽命令手下继续打城阳，自己带了三万人疾驰而来。三万对五十六万？能行吗？但项羽天生虎胆，根本不惧。不要看汉军人马有五十六万，可是在刘邦的调遣下相当一部分军队被派出去四处扩大战果了，留在彭城以及附近的汉军只有三十万左右。

就算只有三十万人，要正面对决，十个打一个，楚军恐怕也不是对手，所以项羽没选择正面对决，而是在一天清晨发动突然袭击，只用半天的工夫就从萧县杀到彭城，打了汉军一个措手不及。

两地间的距离有六百多里，项羽一路作战仅仅用了半天的时间，可见楚军推进之快，也可见汉军战斗力之差。刘邦带着败军疯狂逃窜，项羽则马不停蹄，带着三万楚军像老虎赶羊群一样衔尾追杀，居然斩杀十余万汉军。

因为刘邦战败逃亡，汉军指挥系统已经瘫痪，无法组织有效的反抗。项羽死死咬住刘邦的主力，不给刘邦喘气的机会，硬是把汉军逼到睢水河边。都说背水一战能够激发士兵的勇气，可是这招对汉军不灵。失去指挥的汉军全都争相逃命，人拥马挤之下，居然又有十余万人落水淹死。密密麻麻的死尸把睢水堵得当即断流。

眼看就要成为项羽的刀下之鬼，也许真是天不亡刘邦，就在这时，突然从西北方向刮来一场大风。据说大风吹得天昏地暗，令人不辨西东。一时间，房倒屋塌，飞沙走石，犹如天神发怒，好似妖魔作怪。

这场大风来得太突然和猛烈，楚军顿时乱了阵脚。趁着这个难得的机会，在数十卫士的保护下，夏侯婴赶着马车，拉着刘邦逃出了包围圈。大风过后，楚军发现刘邦不见了，立即撒出人马四处搜索。

侥幸捡了一条命的刘邦取道沛县逃亡，一来是顺路，二来也是打算趁机带走家眷。到了沛县家中，刘邦一瞧家人早就不见了踪影。之后在逃亡的路上刘邦遇见了自己的一双儿女刘盈和刘乐。这俩孩子命大，丢了之后正好在路上碰见刘邦。刘邦看见两个孩子人不人鬼不鬼的样子心疼至极，连忙接其上车来，跟孩子抱头痛哭。

刘邦正抹眼泪，便听见车后人喊马叫，马蹄声隆隆作响。他探头一瞧，正是楚军，忍不住惊慌失措，命令夏侯婴火速前进。

夏侯婴急忙扬鞭催马猛跑。可是，马车跑得再快也快不过不拉车的马，何况车上还坐了四个人。追击的楚军越跑越近，由影影绰绰变得清晰起来。

刘邦心下一急，伸手一推，就将刘盈、刘乐两个孩子推到了车下。俩孩子摔得灰头土脸，胳膊、腿都蹭破了，坐在地上哇哇大哭。夏侯婴是个热心肠，哪受得了这个，他急忙拉住马，迅速把两个孩子抱了回来。因为这一耽搁，楚军追得更近了。刘邦这次又把俩孩子推了下去，夏侯婴再次停车去捡孩子。如此一来二去，刘邦显然是不想要两个孩子，认为他们是累赘，但夏侯婴却舍不得。刘邦本想杀了夏侯婴，但又担心自己驾车技术不好，难以逃脱，只好由后者去了。没想到夏侯婴非常厉害，那么多楚军在后边追，仍被他带着刘邦等人跑了。

刘邦逃出生天，俩孩子也得了救，他们一起跑到在下邑带兵的吕雉的兄长那里避难。而刘邦的父亲和吕雉本来是在舍人审食其的护送下要去找刘邦，结果撞到楚军，被项羽抓获。

刘邦这一战败，见风使舵的诸侯又重新选择阵营，司马欣、董翳、魏豹重新投奔项羽，齐国的田横趁项羽不在迅速收复齐国，立田荣之子田广为新的齐王，与赵王歇、代王陈馀向楚国抛出了橄榄枝。

在下邑，刘邦收拢了一些败兵，萧何也急忙在关中征召人马，找不到青壮就召老弱，凑了一大堆人送到前线。刘邦稳住阵脚，在张良的建议下策反了与项羽开始离心离德的九江王英布，迫使项羽派出大将龙且征讨，分散了力量；与彭越联络，得到彭越的支援。在荥阳之南，聚拢了人马的刘邦与项羽再度交手，顺利地挡住了项羽的攻势。返回关中后，刘邦立刘盈为太子，韩信也被拜为左丞相。刘邦采纳了韩信“北举燕、赵，东击齐，南绝楚之粮道，西与大王会于荥阳”的战略，再度抵达荥阳以牵制项羽主力，为汉军在其他战场寻找战机创造机会。

楚汉，进入了相持阶段。

背水一战

韩信单独行动，首先解决了被围十月之久的雍王章邯，将其斩杀。随后，韩信挥师东进，直击降而复叛的西魏王豹，将其俘虏，后在荥阳将其斩杀。

韩信首战告捷，下一个目标便是疏汉亲楚的代国、赵国二国。张耳听说韩信将要攻赵，报仇心切，主动请缨要求出征。考虑到张耳在赵国有很大的影响力，刘邦当即同意，抽出三万兵力交给张耳，命张耳协助韩信攻赵。

韩信以迅雷不及掩耳之势挥兵东攻阏与，一举击败代军。赵国还来不及反应，就失去了代国这个传统友好邻邦。

就在韩信一路攻城拔寨，节节逼近赵国的西大门井陉口之际，刘邦在荥阳主战场却遭到项羽的凌厉围剿。无奈之下，刘邦紧急抽调了韩信的大部分精兵，投入荥阳主战场，仅为韩信留下不到三万新兵。而在赵国方面，赵王歇与陈馀已经在井陉口重点布防，号称二十万的赵军在此静候汉军到来。

井陉口历来是兵家必争的要地，而且也是东西交通的必经之路。作为北线汉军统帅，韩信对这三万新兵的军事素质和战斗力忧心忡忡。正如韩信后来亲口所言，指挥这些新兵，简直就是“驱市人而战之”，也就是驱赶一群不懂得彼此配合、支援的新兵蛋子打仗。

另一方面，韩信即将要面对的赵国，实力远远超过魏、代两国。以三万战斗力低下的军队攻打井陉口，纵使是项羽来统帅，恐怕也要一败涂地。可是韩信没有退路，他唯一的机会就是速战速决，以尽快与刘邦会师。

军队要想迅速推进，粮草供应是否及时就是个必须考虑的大问题。陈馀帐下有个叫李左车的人，乃是战国时赵国大将李牧之后，被赵王歇封为广武君。李左车长期镇守井陉口，对这一带的军事地理了如指掌。

在汉军杀到之前，李左车敏锐地意识到了汉军粮草接应问题，向陈馀献了一条毒计。李左车的计策不能说不狠，对赵国不能说不妙。但是，陈馀不同意，陈馀是一个非常骄傲的人，在陈馀看来，自己有十几万人马，对付三万人的汉军，玩阴谋诡计太丢人了。他当场否决了李左车的提议。

韩信其实正在担心赵军分兵断他的粮道，因此早就派出了探子打探风声。他听说陈馀不肯玩这一手，高兴坏了，当即放心前进。同时，他派大将曹参攻下邬城，扫除汉军东进井陉的左翼威胁；自己率大军在距井陉口三十里处安营，全军休整。

白天，韩信稳坐中军，一个“打”字都没提。到了夜半时分，他突然开始调兵遣将。时间一分一秒地流逝，转眼已是夜色茫茫，而韩信布置的各路大军也已悄无声息地到达了指定位置。

第二天黎明，韩信率汉军剩余将士浩浩荡荡直扑赵军大营而来。陈馀听说汉军竟然背水列阵，心中不禁窃喜，觉得韩信是浪得虚名，连兵法都不懂，自断后路，怎么可能是自己的对手。他立即命令赵军倾巢出击，彻底消灭来犯之敌。

刚开始，汉军的确被杀得丢盔弃甲，溃散而逃。就连韩信也被乱军裹挟，狼狈如丧家之犬。陈馀大喜过望，认为生擒韩信的时机就在眼前，即率领赵军紧追不舍。

两军交手之后不久，陈馀就尝到了韩信背水阵的真正厉害。那些原本不堪一击的汉军新兵突然个个勇力倍增，有如地狱杀出的恶鬼，而反观己方，因为人数太多，组织失度，竟然在狭小的战场上互相拥挤、推搡踩踏——前面的赵军仓促地与汉军厮杀，而后面的人只能睁眼看着！

久攻不下，而己方的伤亡远远超过对手，见势不妙的陈馀决定先行收兵，再图破敌良策。出乎意料的是，返巢的他突然发现自己的大营竟然遍插汉旗，一时六神无主，不知如何是好。

锐气已失的赵兵立即发现自己进退维谷，处境堪虞，赵军每个人的脸上都染上了灰色的慌乱。于是，赵军崩溃四散，徒叹奈何的陈馀也只得自顾自地逃命而去。

汉军见赵军溃逃，立即乘胜追击。赵军在汉军的攻击下一败涂地。陈馀在泜水被斩杀，赵王歇和曾向陈馀献毒计的李左车被汉军活捉。赵国，从此划入刘汉的版图。

此后，汉军进可攻燕、齐，如若成功拿下两地，项羽将被进一步孤立。所以井陉之战规模虽小，在楚汉之争的进程中却有着战略性地位。

倒霉的范增

韩信收拾了赵国，礼贤下士赢得了李左车的投诚。在李左车的建议下，韩信派舌辩之士出使燕国，兵不血刃就让燕王臧荼投了降。韩信派使者快马加鞭将捷报送至刘邦驾前，并为张耳请封赵王，得到了刘邦的批准。

韩信那边打得有声有色，刘邦这边还在每日与围城的项羽军干耗，耗费钱粮、人马无数，毫无进展。刘邦愁得头发一根根往下掉。怎么才能扭转局面呢？这一天，刘邦正好看见陈平，俩人开始探讨这一问题。

陈平说：“项羽此人虽然尊敬那些好汉，但是吝惜赏赐；大王您则是不吝赏赐，却不尊重人。你们俩各有所长，各有所短。如果你能既尊重人又不吝赏赐，那天下很快就是您的。但是这是一时半会儿改变不了的局面。现在有一个见效快的办法，就是用反间计。项羽手下现在人才匮乏，只有范增、钟离眜、龙且、周殷是他的得力助手。如果大王能拿出巨资离间这几个人和项羽的关系，以项羽多疑、耳根子软的性格，必然奏效。这样一来，您平定天下还有何难？”

刘邦对陈平的主意拍案叫绝，当即拿了黄金四万斤，告诉陈平拿去调度收买人心。

为了打败项羽，刘邦当然舍得花钱。当然了，这四万斤黄金不是现在所说的黄金，而是黄铜。铜在当时是值钱的东西，属于硬通货，寻常人家是用不起铜的。真正的金子当然更值钱，但在那个时代，金子产量太低。

陈平办事效率高，拿了钱马上就行动起来。范增是项羽手下头号谋臣，是陈平一心要除掉的，但范增是项羽的亚父，年纪一大把，不求官不求财，只想保住项羽的江山，想造范增的谣并不容易。所以陈平只好另做打算。

当时，楚汉两国交战，打嘴仗是免不了的，因此使者往来不息。这一天，项羽又派使者来荥阳，陈平哪能放过这个机会，当即包揽了对来使的招待工作。到了用餐时间，只见侍者热情洋溢地抬着一头喷香流油的烤牛，来到了宴席上。楚国使者一见，满意极了。杀牛为食，这叫太牢，是极为隆重的菜肴，祭祖、祭天都有这道菜。使者刚要谦辞几句，只见上菜侍者抬头看了看，大惊失色，连忙致歉："这是给亚父的使者准备的，您的不是这个。"侍者抬着牛下去，转眼间又端上来些杯盘碗碟。楚国使者闪目观瞧，简直怒不可遏：满桌子全是素菜，跟刚才的烤牛相比，差距实在太大。

使者一肚子气，回去就把这事告诉了项羽。项羽上当了，认为范增与自己有了异心。

这时，范增看项羽久围荥阳而不攻，心里着急，频频来劝项羽赶紧发起决战。项羽心想这可能是范增想陷害自己的奸计，于是坚决拒绝出战。范增觉得非常奇怪，不知道项羽为何突然转了性，不再对付刘邦。他暗中一打听，恍然大悟，这才知道项羽疑心他跟刘邦有勾结。

范增伤心欲绝，想想自己七十多岁的年纪了，自从追随项梁以来，一心为项家天下出谋划策，呕心沥血在所不惜，到头来却遭受猜忌。想到这，范增便向项羽请辞。项羽毫不挽留，当即批准。

范增又伤心又难过又生气，着急上火，生了背疽，还没等回到彭城，他就病死了。

待到范增死了，项羽反倒打算进攻刘邦。而这时刘邦军中正好断粮。饿着肚子的士兵哪能挡得住悍勇的楚军？面对即将开始的大战，刘邦如热锅上的蚂蚁，急得团团转。

就在这紧要关头，忠心耿耿的大将纪信挺身而出。他对刘邦说："大王，如今形势危急，荥阳肯定守不住了。我跟大王您身材、面容相似，愿意假扮大王蒙骗项羽，给您创造机会，请您务必趁机逃出重围！"

刘邦假意推辞了一番，当即采纳了纪信的计策。

一天夜晚，荥阳城东门突然大开，两千士兵簇拥着一副銮驾从城内杀了出来。刚冲出来没多远，这些士兵就被楚军团团围住。说来也怪，这群士兵，一个个身材苗条，呼喊起来细声细气，形如女子。楚军打起火把仔细观瞧，还真是一群娘子军。

正在这时，女兵队伍中的銮舆上有人高声喊话："因城中断粮，汉王愿向项王请降！"銮驾上的人被带到项羽面前。项羽仔细一看，这哪里是刘邦，分明是个假冒的人，他立即追问。

纪信哈哈一笑："我家大王早已经离开荥阳了，您就死心吧。"

项羽勃然大怒，下令对纪信施以火刑，将其活活烧死。随后，项羽攻下荥阳。

再说刘邦，从荥阳逃出来之后，经成皋逃回关中，又集起一队人马，在谋士的建议下南出武关，摆出袭击彭城的架势，诱项羽南下，以解荥阳、成皋之急。一开始，项羽被刘邦、彭越玩得团团转，往来奔命。到后来他耐不住性子，直奔刘邦杀了过来。此时刘邦已经率军驻扎成皋，不幸又落入项羽的包围之中。

刘邦见事情不妙，撇下满城将士，独自坐着夏侯婴的小车，再次踏上逃亡之旅。这一回，他直接向脩武方向逃去，因为韩信和张耳统率着赵军，正在那里驻扎。

刘邦找韩信、张耳不单纯是为了避难。他到了脩武并没有急着去见韩信，而是悄悄在驿站住了下来。到第二天凌晨时分，刘邦坐上夏侯婴的小车突然来到赵军大营，假称是汉王的信使，直接闯进了韩信和张耳的卧室，趁两人还在熟睡之时夺得印绶，接管了赵军。

夺取印绶后，刘邦立即在韩信、张耳仍在熟睡的时候主持召开了临时军事会议，重新调整岗位：他自己率领赵军主力准备迎战项羽；命令张耳招收新兵，守卫赵国；拜韩信为相国，带剩余兵力攻打齐国。

直到刘邦安排妥当，韩信、张耳才刚刚起床。一觉醒来，形势巨变，惊得两人还以为做了一场梦。

刚刚还是一无所有的刘邦转眼就又有了数万人马，其他驻守成皋的将领也纷纷弃城逃来跟随，成皋就此沦陷。

战争并未结束

郦食其在刘邦的派遣下说服了齐王田广。田广准备降汉，谁知被刘邦夺去帅印之后一肚子火气的韩信采纳了蒯通的建议，不理会郦食其，兴兵伐齐。齐王田广盛怒之下水煮郦食其，但还是没能逃过战败被杀的命运。连被项羽派来援救田广的大将龙且，也成了韩信的刀下之鬼。齐国从此划入汉的版图。

韩信上表请求刘邦封他为齐王。为了平定天下的大局，在张良、陈平的劝解下，刘邦将怒火压在心底，批准了韩信的请求。此举使韩信心满意足，立即忘记了被夺帅的不快，将刘邦视为再生父母。

此刻，巴、蜀、汉中、关中、魏、河南、韩、赵、燕、齐已皆属刘邦，项羽的实力被削弱了许多，已经奈何刘邦不得。

趁项羽回身再度去清理彭越时，刘邦挥师而进，将镇守成皋的曹咎、司马欣、董翳引诱出城，打败楚军。曹咎、司马欣、董翳自杀身亡，成皋再度回到刘邦手中。

成皋失守，楚军的敖仓面临威胁，粮食供给出现困难。项羽立即回头反扑成皋。此时，刘邦已经在广武山的广武涧西岸安营扎寨，项羽不得急进，只好扎营于广武涧东岸，与汉军相持。

双方这一相持就是数十日。汉军粮草充足，战斗力弱，最愿意打持久战；项羽虽然士兵精锐，但粮草缺乏，需要的是速战速决。因此，项羽被拖得心急如焚，不知该如何是好。这时，有人向项羽献了一计。说起这人，倒不陌生，正是刘邦直欲生食其肉的老乡雍齿。

然而雍齿的办法不好使。项羽思来想去，又提出跟刘邦单打独斗。

项羽派人给刘邦传话，意思是要与他阵前一对一对决，若是刘邦不敢，那就是懦夫，要被天下人嘲笑。

项羽的挑战提议，刘邦当然不会答应。于是他回了封信，对项羽说，自己不过是一介贫民，并非武夫，只斗智不斗力。

这边项羽得不到刘邦的正面回应，只好天天派人来骂阵，刘邦听烦了，派了个来自西北游牧民族楼烦的神射手。楚军出来个骂阵的，神射手就射死一个。楚军一连三人出马，全被射死了。但跟项羽这么耗下去也不是办法，继续畏首畏尾必然导致士气低落，刘邦的个人威信将不复存在。于是，刘邦同意与项羽会面洽谈。

广武涧两岸，刘邦与项羽隔涧相望。看到项羽，刘邦就是一番喝骂，直骂得项羽暴跳如雷，当即命令潜伏的弩手放冷箭，正射中刘邦的胸口。刘邦趁项羽尚未发觉自己哪里中箭，连忙倒地，抱着脚大叫。随后，重伤的刘邦在众人的保护下逃回营中。

幸好弩箭上并没有毒药，刘邦的命才得以保住。在张良的建议下，刘邦强忍伤痛，出来慰问将士。汉军见大王安然无恙，人人欢欣鼓舞；项羽听说刘邦没事，则是大失所望，不敢轻举妄动。但这番掩饰不是没有代价的，刘邦的伤势因为勉强出行越发严重，只好找了个借口回成皋养伤。

刘邦派陆贾面见项羽议和，并要求接回家眷。项羽本来不肯服输，不同意讲和，执意要打个输赢出来。然而，就在他拒绝和谈之后，彭越和韩信大军出动。彭越军负责切断楚国粮道，齐军则西进，逼迫楚军。在这种极度不利的态势下，当刘邦的议和使者侯公到来后，项羽让步了。

在阴沉的气氛中，项羽和侯公签订了盟约：以鸿沟为界，鸿沟以西是刘邦的地盘；鸿沟以东全归项羽；两国就此罢兵，永不交战。

达成协议之后，刘太公及吕雉等人被项羽释放。当侯公带着刘邦的亲人和一纸合约返回后，汉军高呼“万岁”。王侯将相的梦想是争夺天下、建功立业。普通士兵则没有这种奢望，只求保卫父母、妻子、儿女，只求有饭吃，有衣穿。从项羽分封天下到如今，战争打了四年，大家都累了，也甚是思念家乡。什么称王称霸、除暴安良、兴义师讨逆，这其实不关老百姓的事。平凡人，只是想守护自己的小幸福。

然而，战争却并未就此结束。

垓下之战

盟约订立之后，项羽率先撤兵东还。见项羽信守约定，刘邦也开始安排撤军。然而，对于张良和陈平而言，盟约不过是几行字。更何况，张良视韩王成被杀之仇不共戴天。良机就在眼前，天予弗取，反受其祸！两人当即建议刘邦背弃盟约，追击项羽。

刘邦率领二十多万大军追杀项羽。同时，刘邦向韩信和彭越发出命令，让他们发倾国之兵赶到固陵与他会师，合击项羽。

当带着兴奋和忐忑的心情打到固陵时，刘邦惊讶地发现，韩信和彭越并没有赶来。孤军作战的刘邦恐慌了。

得知刘邦背约而来，项羽火冒三丈，恨得咬牙切齿，立誓要杀刘邦而后快。第二天清晨，十万楚军悍然出动，向汉军发起猛攻，斩汉军两万余人。刘邦被打得狼狈逃窜，退至陈下，筑壁自守。

刘邦急得直转圈，对张良说：“子房啊子房，你害苦我了。诸侯不遵号令，我该怎么办啊！”

经张良一番分析，刘邦恍然大悟，依张良之计而行，韩信和彭越果然大为满意，忙不迭地率大军前来援助。在韩信和彭越行动的同时，刘邦的堂兄刘贾渡过淮水，成功利诱项羽的大司马周殷叛变。周殷领兵清除了占据六县的楚军，迎接英布归来。刘邦当即封英布为淮南王，让他和刘贾、周殷等向东集结，会战项羽。

在刘邦的部署下，齐王韩信率齐军南下，占领楚都彭城和今天苏北、皖北、豫东等广大地区，兵锋直指楚军侧背，自东向西夹击项羽；彭越率数万梁军先南下，然后西进，与刘邦军共同逼迫楚军；淮南王英布、刘贾、周殷率军数万自淮北出发，从西南方发动对楚地的进攻，先克寿春，再攻下城父；刘邦率本部人马二十余万，出固陵，由西向东进逼。五路大军、近七十万之众，由韩信居中调度，从西、北、西南、东北四面形成了对楚军的合围。面对这种不利局面，项羽被迫向垓下后撤。

在垓下这个高岗绝岩之地，项羽第一次尝到了被围困的滋味。刘邦让韩信担任作战总指挥，全权负责对项羽的最后一战。

韩信命令英布、刘贾、周殷军从南面将楚军出路全部封闭，命令彭越军从北封闭项羽可能逃脱的出路。韩信自己亲率三十万齐军，会同二十万汉军，进攻困守垓下的十万楚军，准备展开决战。

一切准备就绪，韩信率先向项羽发起攻击。项羽泰然不惧，率领楚军直奔韩信中军杀来。面对楚军疯狂的进攻，韩信麾下的齐军根本抵挡不住。韩信立即命令主力后撤。韩信退得果断，项羽追得决绝。在这紧要关头，刘邦麾下的汉军从左右两翼杀了过来，援救韩信，迅速将冲在前面的楚军骑兵和落在后面的楚军步兵的联系切断，并对楚军步兵展开屠戮。

项羽见击杀韩信已不可能，急忙转身往回杀，试图援救步兵。得知这一情报，韩信立即命令大军停止撤退，转而追击项羽。面临前后夹击的项羽只好拼命杀回垓下。

在这场被称为“东方滑铁卢”的垓下之战中，楚军战死四万，被俘两万，最后只剩四万随项羽退回大营。汉军伤亡更加惨重，死亡十几万。

项羽退回垓下后，重新陷入诸侯的重重包围中。

夜深了，清冷的夜色中，两军营内的篝火与天上的繁星呼应，点点闪耀。饥饿的楚军将士围在篝火前，相拥取暖。

没有人说话，没有人走动，整个楚军大营，除了偶尔走过的巡逻小队，就如死一般寂静。正在这时，汉军营里传来了楚歌声。

刘邦发迹于楚地，又占据了楚地，其麾下颇多楚人。看见昔日的同乡被重重围困，又想起几年来倒在沙场上的同袍，也可能是有人授意，汉军中的楚地人哼起了楚地的歌谣。

幽咽的楚歌声，像利箭，像铜钩，射入楚军的胸膛，钩住了楚军的心房。悲怆的歌声里，楚军将士泪流满面，遥望南方。

项羽也被楚歌惊醒了。他拄床而听，心情惆怅，叹道：“难道刘邦已经把楚国全部都攻陷了，怎么这么多人在唱楚歌？”

美丽的虞姬此时正陪侍在项羽身边，见项羽久久不睡，乖巧的虞姬端来酒菜，哄项羽开心。望了望跟着自己到处奔波的心爱女子，项羽长叹一声，拔剑而起，慷慨悲歌。项羽大声歌唱着，宣泄着自己的苦闷。虞姬倚在项羽身边，轻轻地和着。

唱着唱着，项羽的泪水终于止不住地喷涌而出，左右侍从也哭得抬不起头。

据传，虞姬歌罢强颜欢笑，拿过项羽的宝剑，为心爱的男人最后一舞，然后横剑自刎。

香消玉殒，魂归天籁，独留项羽站在猎猎风中，犹自心痛。

乌江自刎

深夜，不甘心的项羽打算再做尝试。这次尝试，项羽残酷地决定，只带少量精锐，寻找包围圈的薄弱环节杀出重围。而更多的楚军将士，是生是死，且看天意吧。

带着八百骑兵，项羽衔枚突围，终于在联军的包围圈上撕开了一条口子，向南遁去。

等到天亮时，汉军才发现昨夜突围的是项羽。虎入山林，祸患无穷。谁都能放过，项羽绝不能放过，追！

骑将灌婴一马当先，带五千骑兵立即追赶，终于寻到项羽的踪迹，紧追不舍。

项羽一路狂奔，逃到阴陵时，他在空旷的田野中迷路了。

两条路，一左一右，不知哪条路通往江东？项羽急忙向一位农夫打听，农夫畏畏怯怯地指了指：“左边这条。”

很不幸的是，左边这条路是错误的。有人说，这位农夫是深恨项羽之人，因此故意给项羽指了错误的方向。也有可能是农夫根本不知道彭城怎么走，但他被这一大群浑身浴血、携带刀剑的武夫吓坏了，不敢说不知道，就随便一指，却正好指错了方向。

项羽并不知道这是一条死路。当他疾驰到路的尽头时才发现，前方是一片不可能穿越的大泽。项羽急忙折身返回，正好与紧追其后的灌婴等遭遇。项羽再次杀出来，转而向东，抵达东城。此时，他身边只剩下二十八名勇士。

汉军很快又追上来了。二十八人在几千汉军之中显得那么渺小，项羽却犹不畏惧。他把二十八人分成四队，每队七人，命令他们各自向四方突围，在大山东边集合。项羽率先出击，他指着敌军对大家说：“你们看着，我现在就冲下去，为你们斩杀一员汉将。”说完，项羽一催坐下乌骓马，向汉军冲去。

汉军被霸王的气势震慑，纷纷闪躲。项羽趁机手起刀落，果然有一员汉将被项羽杀死。赤泉侯杨喜见项羽单人独骑，想捡便宜，在项羽身后追赶。项羽回头，圆睁虎目，怒叱杨喜，直吓得杨喜掉头就跑。项羽一路奔逃，在逃亡中又斩杀汉军一名都尉和百余骑兵，而后在指定地点与其余人会合。二十八名骑士，仅仅阵亡两人。

趁着汉军还来不及反应，项羽一直逃到乌江边。渡过乌江，就是项羽的老家——江东。在这一路上，剩余的二十六名勇士或战死，或被擒，也全都不在了。

忠于项羽的乌江亭长正泊船而待。他急忙对项羽说："大王，这一带就唯有我这一条船。请大王随我快快渡江。汉军没有船，追不上来！"

项羽对乌江亭长说："天要亡我，渡江又有什么用？先前江东子弟八千人跟随我出来打天下，如今只有我一人苟活而还，我又有什么脸面见父老乡亲们？算了，我不回去了。这匹乌骓马，日行千里，随着我纵横天下。我实在舍不得让它跟我一起死，就把它托付送给你吧。"

把马硬塞给乌江亭长，项羽步行，回头迎战追兵，又斩杀数百人，身受创伤十余处。这时，项羽在追兵之中看见骑司马吕马童。项羽与吕马童少年时相识，算是故人。因此，项羽对吕马童说："我听说刘季悬赏千金、赐食邑万户，要我的人头。反正我要死了，不如把这好处送给你吧！"

说完，项羽横剑自刎，死在当场。刘邦把项羽葬在了穀城，并且亲自主持祭礼，放声痛哭。这一哭，并非全是虚伪，也有对那一段兄弟情义的哀悼。

项羽已死，四海承平，唯有韩信不能让刘邦放心。于是，刘邦迁韩信为楚王，以淮北为其封地，都城为下邳。同时，他履行承诺，封彭越为梁王，以定陶为都。随后刘邦发下赦令：天下纷争八年，百姓饱受其害。现在天下已定，赦免死囚以外的全部囚犯。

汉五年（前202）正月，天下诸侯率领文武群臣上表，请汉王就皇帝位。二月三日，刘邦在汜水北岸筑坛登基，称皇帝，暂时定都洛阳；吕雉为皇后；太子刘盈为皇太子；刘邦已故的母亲被追谥为昭灵夫人。

西汉王朝，从此正式拉开了帷幕。

陈平的真性情

自从刘邦让初来乍到的陈平协管监察诸将以后，刘邦手下资格甚深的武将们不高兴了。他们心道："自己跟汉王出生入死，还得让一个儒生管着，实在是气人。"

刘邦手下的这些个武将里边，周勃、灌婴脾气最大，他们两个带头对刘邦表示不满："大王，您怎么能如此重用陈平呢？他不过表面光鲜，肚子里未必有真材实料！我们也打听过，陈平这人德行太差。在魏国的时候，他不为所容，就去投楚国；在楚国待不下去又投奔您，这就是不忠。听说他当年在家里跟嫂子通奸，还是好色无耻。尤其最近，我们听说他私下里接受了众将的贿赂，送礼越多，他给的好处越大。这是一个反复无常的奸佞小人啊，请大王明察！"

刘邦听了一惊，这还了得！当时儒家学说不过是一家之言，而乱伦虽然也被人背后耻笑，但不算大事。可是没有忠诚度还贪污，这就严重了。刘邦当即调查。陈平不慌不忙地解释："说我不忠心，这纯属冤枉。魏国、楚国不肯用我，我怎么能不走呢？受贿这事确实有。我来投奔大王的时候，没带楚国一文钱，不收钱没法生活呀！虽然我收钱，可是我给您推荐的人不是随便推荐的，都是确实合适的。不信您去检查，如果我说得对，大王您尽管采纳；我说得要是不对，别人送的钱我还一文没动，请您免了我的职，让我回家种地去。"

查来查去，刘邦发现陈平没什么问题，难得的是陈平收钱办好事。如此人才难得，刘邦非但没有责怪陈平，反而厚赏了他，让陈平任护军中尉，从协管变主管。这之后，那些武将们见告不倒陈平，也就没什么可说的了。

第四章 白登山首度遭难

冒顿的铁蹄

匈奴是中国北方的一个游牧民族，逐水草而居，以放羊牧马、狩猎为生。

如果天年好，匈奴就各安其所，各家放各家的羊马，各人狩各人的猎；但如遇荒年，他们就杀意萌生，四处作乱，别说抢夺汉人，即使对本族人也不例外。夏、商、周三朝都遭受过匈奴的侵扰，汉人不堪疾苦，歌曰：“靡室靡家，猃狁之故。”歌词大意是，我们家破人亡，全都是因为匈奴。

春秋战国之际，匈奴与汉人打打杀杀，互有胜败。秦始皇统一六国后，命蒙恬领军驱杀，驰骋七百里开外，匈奴闻风丧胆，从此不敢南下牧马弯弓。秦失其鹿，天下逐之，匈奴也趁此机会发展势力，扩充领地。

当时匈奴处在一个男尊女卑的时期，女子毫无地位，只被视作一种财产。如果父亲身死，儿子可以娶他的后母为妻；兄长死了，弟弟能娶他的嫂嫂为妇。

当时的匈奴首领名叫头曼，他的长子冒顿已被立为太子。在匈奴的北方，有一支强劲的队伍是头曼的心头之痛，那支队伍就是月氏。不久，头曼又突然多了一块心病，因为他后娶的阏氏生了个小儿子。

按理说头曼喜得贵子应该高兴，可是阏氏软磨硬泡，说什么

都要头曼立他儿子为太子。头曼虽不聪明，但也是明事理的人，他知道如果自己身死，一旦阏氏委身于自己手下一名大将，匈奴定会因两个儿子争夺单于之位而分裂。他阅历丰富，知道分则势弱，裂则力孤，如此一定会使匈奴走向灭亡。头曼一连几天愁眉不展，不知道内情的人还认为他害怕月氏和中原汉族的夹攻，纷纷献谋告勇。

这一天，头曼将冒顿叫来，说要冒顿前去月氏为质。冒顿认为此举既利族人，也能锻炼自己，很是高兴。头曼拍拍儿子的肩头，语重心长地说了句：“保重！”

冒顿刚到月氏，月氏暗藏于匈奴的内奸就报告说头曼正整顿军马，即将偷袭。月氏诸将大怒，骂头曼阴险毒辣，不惜以儿为饵，吵嚷着要斩杀冒顿。冒顿心想自己离家背族，全拜月氏所赐，既然自己已经亲身而入，索性探探他们的虚实，将来双方交锋也有准备。他偷偷摸摸地转了几处，从一个马夫的口中听说马房中有匹日行千里的高头大马，心下暗笑，想世间岂有此马，转身就走，耳边隐隐传来“……那马一身白毛，毫无杂斑……”忽然火把明亮，四野犹如起火，接着吵吵嚷嚷不断，说：“抓住奸细！”“拿住匈奴来的那个小杂种！”“那小杂种一定不是匈奴王子！”只见火把先是围住冒顿居住的地方，之后四散开来，各处都有。

冒顿心中一惊，随即镇定，径直蹿向马房，果见一匹高头大马，全身皆白，甚是雄壮。冒顿解开缰绳，飞身上马，双腿一夹，白马奔驰如飞。

一夜奔驰，回到家中。头曼听说冒顿回来了，心里先是一喜，随即忧从中来，即刻去见冒顿，欲问缘由。冒顿一心以为月氏大军即将压境而族中无人知晓，也不管疲惫，急急忙忙去见头曼。两人在半道相遇，冒顿刚要说月氏情况，头曼却先问他是怎么回来的。

冒顿只好说是逃回来的，待他还要再说，头曼摇了摇手，又是一副心事重重的样子。

次日，头曼召见冒顿，给他一万精骑，让他带兵驻外。冒顿满腹疑团，为何父亲见自己时忽喜忽忧？为何他刚回来月氏就没消息？刚想出言询问父亲，阏氏却拉着小弟弟走进来，只见阏氏脸俏眉细，话语轻柔，委实娇丽难言；又见自己的小弟弟穿得雍容华贵，举止落落，不禁想到他有族长之福。

这一日，冒顿正在训练手下兵将，如厕时听到两人一言一语，说的竟是头曼如何安排他为人质，如何再佯装攻打月氏以便借月氏之手除了他。冒顿怒从心上起，抓起两人就是一顿暴打，有一人挨不住，说出他是阏氏的亲信，是阏氏唆使头曼另立太子并假手于人杀冒顿。冒顿暗自回想，蓦地想到他弟弟雍容华贵的服饰，双眼一眨，落了两滴泪。

自此冒顿不离军营，整日勤练兵将，他让阏氏的亲信去向阏氏报告，说冒顿蠢笨得紧，练军也不知灵活。冒顿在营中立了条军规：冒顿箭锋所向，兵将必随，否则立斩。冒顿箭射走兽，兵将凡有不遵者，立斩。

一日，冒顿约头曼外出狩猎，头曼驰骋当先，搭箭就要射向一只飞奔的小白兔；冒顿也是左手控弓，右手搭箭。突然，两箭齐发，头曼射中的是白兔，冒顿射中的却是头曼。冒顿的箭射出的一刹那，冒顿侍卫的箭也紧随而至，顿时头曼就满身是箭，如只刺猬一般。

头曼死后，冒顿自封单于，大肆诛杀，不听号令者无一幸免。

东胡欺冒顿新立，派使者来说："我们头领想要头曼骑的那匹千里马！"冒顿问群臣，群臣怫然坚拒，冒顿却笑嘻嘻地说："一匹马，为它而得罪邻国，值得吗？"群臣见冒顿竟将宝马轻易地送人，愤恨填胸，脸上却不便发作。不久，东胡又来要阏氏，冒顿仍问群臣，群臣怒不可遏，捋袖揎拳，作势欲打；冒顿却亲自送阏氏出门。

东胡王接到阏氏后大喜，想冒顿是个草包，随即西侵冒顿，派使游说冒顿，想要匈奴与东胡间的那块地。冒顿仍是问群臣的意见，群臣都说那地荒芜，不要也行。冒顿却跳了起来，厉声道：

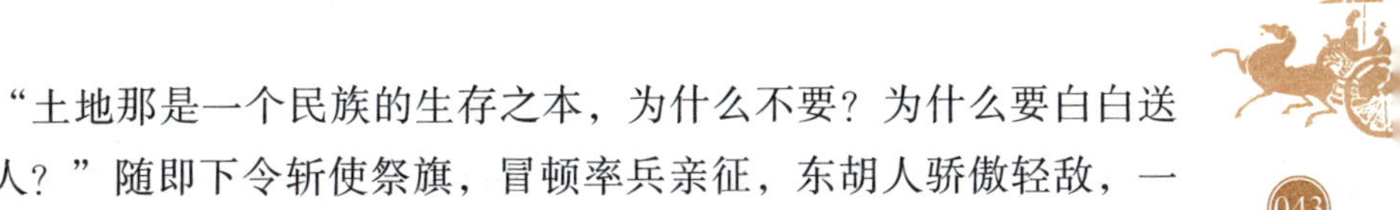

“土地那是一个民族的生存之本，为什么不要？为什么要白白送人？”随即下令斩使祭旗，冒顿率兵亲征，东胡人骄傲轻敌，一鼓被灭。冒顿一战得胜，借此机会，相续西驱月氏、南败楼兰等族，并收复先年蒙恬从匈奴手中所占的土地。

冒顿发展势力时，恰逢楚汉相争，因此南下的阻力不大。至此，冒顿已是身霸一方，统率三十余万精兵强将的首领。趁此大势，汉六年（前 201）秋，冒顿死困韩王信于马邑。同年九月，韩王信降匈奴。冒顿翻山越岭，兵临晋阳城。

当冒顿兵临晋阳时，大汉朝廷中，儒生正为武将的不知礼、不守礼而头疼，武将也正为文臣的那一套套腐礼缛节而心烦，对晋阳的危机毫不知情。

被困白登山

韩王信雄壮勇武，为刘邦创立汉朝立下不少汗马功劳。刘邦登基后，分封给韩王信一块强兵劲旅之地，那就是晋阳，让韩王信督军晋阳城，防止匈奴侵犯。

韩王信到晋阳后上书，匈奴屡犯边境，晋阳离边界太远，请求布军于马邑，刘邦全部允可。然而，刚到秋天，冒顿就倾巢而下，三十万大军将韩王信团团围住，韩王信一面派人向冒顿求和，一面发书向刘邦告急。

汉朝发兵救急，但怀疑韩王信图谋不轨。刘邦发给韩王信一封书信，责备说：“你如果贪生怕死就不勇猛，就不能胜任大将之职。区区匈奴，难道可以围困你？”韩王信接到书信后，害怕被诛杀，于是约同冒顿攻打刘邦，让马邑给匈奴，两军合力攻取晋阳城。

汉七年（前 200），刘邦御驾亲征。铜鞮一役，首战告捷，斩韩王信部将王喜。铜鞮是通往晋阳城的关隘，铜鞮一破，汉军汹涌而来，韩王信知道晋阳难守，当即逃往匈奴。

就在刘邦乘胜追击之时，突然杀出一支兵马，那兵马打的旗号却是赵王。原来韩王信败北后，其部属曼丘臣和王黄等就集结韩王信的散兵败将，拥赵国后裔赵利为赵王，联合匈奴、韩王信反击刘邦。

这时已近冬天，天越来越冷，北方风雪早下，天地茫茫一片。败军溃散，刘邦一鼓作气，大驱军马，追亡逐北，直杀到楼烦。此时天大寒，中原士兵有两三成人被冻掉手指。虽然天寒地冻，但晋阳因无大将据守，被刘邦一鼓攻取。

刘邦听说韩王信已经逃到匈奴，十分愤怒，前前后后一共派了十多位使者前往匈奴探听虚实。使者都回报说，匈奴人羸弱，匈奴军疲弱，匈奴的羊马瘦弱，要打羸匈奴不难。

刘邦谨慎，再派娄敬前往匈奴查探。风雪漫天，积雪阻路，异常难行，刘邦久等娄敬，毫无音讯，下令进军。娄敬顶风冒雪，快步奔回，在半道遇上前进的刘邦大军，刘邦问匈奴军事实力如何。娄敬所见与其他使者看到的一样，但却说出了不一样的话。娄敬说："大凡两军相交，彼此总是要让对方看到自己的强处。我去匈奴，只见弱民、疲军、瘦马，冒顿这样做，一定是想让我们以为匈奴势弱，他可能早已伏下精锐之师。我认为不可轻易对匈奴用兵。"

然而此时刘邦已然发兵，三十多万大军全在路上。听到娄敬那使人丧气的话后，刘邦大发流氓脾气，厉声大骂他一顿，遂驱军前进，囚娄敬于广武。

冒顿见汉军势大，一时难以抵御，于是领兵撤退。汉军见冒顿兵撤，大举追击。汉军一路追击，所遇全是老弱病残，畏惧之心大去，大踏步而行，毫不戒备。

刘邦领着随行部队，比步兵先到平城。刘邦刚到平城，领兵视察白登，当即被冒顿派精锐骑兵围困于白登，七日七夜衣食难继。刘邦心下暗悔，懊丧难言，急忙向陈平寻脱身之计。

据史书记载，陈平派巧舌如簧的使者，以厚礼兼卑辞游说冒顿的妻子阏氏。

收下厚礼的阏氏就对冒顿说：“你是贤主，白手起家；刘邦也是，甚至起家时吃的苦比你还多。既然同是贤主，又何必互相为难呢？该当英雄惜英雄，好汉爱好汉！再说，依我看，就算你占据了汉人的土地，也守不住。这些天我见白登山上，整日云缠雾绕，似有仙气，我怕那刘邦是神人之子。如果他真的是神子，我们匈奴可得罪不起！”

这几天白登山浓雾密集，能见度极低，致使冒顿弄不清刘邦的虚实，不敢贸然发兵攻打，又阏氏这么一说，冒顿还真有点疑心。冒顿本已和王黄等人说好，冒顿以疲兵弱将引诱刘邦入伏，待冒顿困住刘邦，王黄等即刻发兵夹攻刘邦。可是冒顿的消息发出几日，眼见约期已过，仍不见王黄等人身影。冒顿疑云大起，害怕王黄等背约降汉，自己反遭其害。于是当机立断，命令军队让开一个小角，想看看刘邦虚实。

隆冬天气，大雾弥漫，久久不散。冒顿这一小角刚移动，陈平忙命兵将弯弓搭箭，紧紧簇拥刘邦逃亡。众弓箭手前后左右，弓拉得满满，每人手上都多上一支箭，心神专一，大气都不敢多出一口。刘邦刚逃出冒顿的包围，即命夏侯婴即刻驾车奔逃，片刻间就安全逃离白登，平安躲入平城。

史书没有记载陈平的计谋究竟是什么，因而后人无从得知王黄等失约于冒顿是否拜陈平所赐。但是，既然陈平是汉家谋士，当主人生死之际，用计岂会只用一条单计，因此不少史学家都认为陈平计出百端才使刘邦得以逃脱。

刘邦进入平城，而后撤军，兵过广武，放了娄敬，喟然说：“我不听你的话，致使被困白登，差点连命都没了。我已经斩了那些尽说‘匈奴可击’之人。”随后赏赐娄敬食邑二千户，封建信侯。

陈平救驾有功，封为曲逆侯，享有曲逆的赋税。刘邦撤军回朝时，留下一王一将驻守代郡。然而，这一王一将是谁？他们能否保卫边疆安全？

和亲之策

刘邦经白登之辱，当即由平城班师，留下二哥刘仲和大将樊哙守御代郡，封刘仲为代王，樊哙辅助刘仲。樊哙勇不可当，是猛将；而刘仲一没本事，二没胆子，只会逃跑，是个草包。

汉七年（前200）十二月，匈奴大军再次席卷而来，一举攻取代郡。匈奴军至，刘仲竟然不请救兵，私自弃城，径直逃回洛阳。代郡之役，不战而败，委实可耻。刘邦贬刘仲为郃阳侯，改封爱子刘如意为代王。刘如意生母戚姬很得刘邦宠幸，刘如意又类似刘邦，刘邦很想改立刘如意为太子。刘邦封刘如意为代王，就是想慢慢提升他的资格，最终改封他为太子。

刘邦自平城班师，心情既沮丧又郁闷，经过赵王张敖的封地时，骂得张敖狗血淋头。张敖是刘邦的女婿，对刘邦极是有礼，可不知什么原因，刘邦见张敖一次就大骂一次，仿佛张敖是他的前世冤家。刘邦的破口大骂令张敖的部属都看不过去，但又不好说什么。

张敖是张耳的儿子，他父亲留下的部将勇猛彪悍，忠肝义胆，见主人受此羞辱，深感愧疚，便寻思报复。骂完就痛快了的刘邦忙于绞杀韩王信部下叛军，根本没将张敖部下的事情放在心上，但这件主不言而臣愤怒的事差一点要了刘邦的命。

刘邦班师回朝后，一日，刘邦问娄敬，该如何对付匈奴。娄敬想说，但又有点害怕。刘邦动问再三，娄敬才战战兢兢地提出以长公主和亲之策。

娄敬提议和亲是希望女婿不为难丈人，或者外孙不为难外公，或者外甥不为难舅舅，让娘家拥有发展的安定环境。娄敬的和亲只是权宜之计，他的根本大计在汉室的后世子孙身上。娄敬的提议是好的，但在施行过程中出了问题。

鲁元公主是长公主，早已嫁人，所嫁之人正是张敖。刘邦从没正眼看过张敖。对刘邦而言，张敖活着碍眼，死了也算不了什么。此番刘邦要将长公主嫁于匈奴单于，张敖只能认倒霉。

刘邦将欲远嫁长公主之事告诉吕雉，吕雉又气又急，又哭又闹，最后说："我只有一个儿子，一个女儿，你为什么就要把我的女儿远嫁匈奴，你这不是抛弃她吗？"

刘邦同吕雉说了一大通，吕雉就是不答应让长公主远嫁匈奴。刘邦别无他计，只得秘密另找一位女子冒充长公主远嫁匈奴。而这护送假长公主远赴匈奴之人，就是出此计谋的娄敬。

和亲从一开始就变了味。一位皇帝接一位皇帝慢慢变更，最终变成远嫁宫女。宫女多来自民间，生活凄苦，到宫中寂寞难言，遇上和亲之事，自然常常让敏感的文人借题发挥。

娄敬和亲归来，对刘邦说："匈奴在河南的白羊、楼烦两个部落离长安很近，只有七百里，轻装骑兵一天一夜就能到达。关中受战争破损，人口少，土地肥沃，现在你虽然身居关中，但人口很少，难以发展，应该充实。当初诸侯四起时，有田姓家族和楚国的昭、屈、景三族等豪强富户，他们势力大，应该控制住。还有，长安北近匈奴，东有过去的六国强族，一旦天下变动，家族联合作乱，皇上你将坐不安席，卧难安寝。微臣建议，将田姓、楚国、燕国、赵国、韩国和魏国等王族后裔和豪门富户全部迁往关中。天下无事，他们可以作为抵御匈奴的力量；如果有变，皇上也有兵东征。这一招，叫作强本抑末。"

刘邦采纳，移民十万充实关中。这十万人并非平头百姓，而是富商豪族，牵连极广。一时间，长安五方杂处，富户之家、豪强之族、游侠、盗贼等全部充塞长安。长安城中诸人良莠不齐，每有犯事，牵连极众，治安很难管理。

刘邦刚刚移民充实关中，有人状告，说张敖欲行刺刘邦。刘邦大惊，张敖如此无能，如此温顺，怎么会行刺？然而，刘邦素不喜欢张敖，自然不会姑息，当即令人逮捕张敖。

【专栏】

皇帝的威严

刘邦初登大宝，位居九五，规矩未定。武将策马奔腾，征战四方，勇冠当时，极为骄霸；文臣没有斩将之功，但心系朝臣礼仪，对大大咧咧的武将颇感不满。

这一日，刘邦又大宴群臣。起初诸将恭敬有礼，开口闭口都是皇帝来皇帝去的，刘邦心里也痛快。可是，两杯酒下肚，诸将就满口粗话，与市井流氓无异。再多喝几杯，诸将就大喊大叫，踩在板凳上、蹲在桌子上划拳，甚至拔剑击桌，高唱淫秽小曲。有几位不识轻重好歹的，竟然攀上刘邦的龙椅，对刘邦拉拉扯扯，尽说刘邦过去的丑事。当此情境，刘邦的脸色越来越凝重，思前想后，一颗心烦乱难宁。

刘邦环视一圈，只见一位峨冠博带的儒生正正地看着自己；再一看，刘邦蓦地一惊，只见诸文臣都规规矩矩，颇有为臣风范。

这位儒生姓叔孙名通，诸武将都烦他圆滑不忠，唯独刘邦对他倒还喜爱。叔孙通是鲁国薛县人，鲁国是孔子的故乡，叔孙通又是儒生，礼仪之事是他的看家本领。这位叔孙通有才，更有观察别人脸色、揣摩他人心思的本领。

起初，叔孙通穿儒服，刘邦很瞧不上他，于是他就改穿短衣裳，同刘邦一样。刘邦这下高兴了，就封他做博士，赐号稷嗣君。

叔孙通建议刘邦大兴礼仪，以礼安天下。但刘邦却觉得秦朝那一套礼仪过于麻烦，他才将之废掉，若是叔孙通的礼仪也是一套一套的，不如不用。

叔孙通道："礼仪全是因世事之情况而制定，因此三皇五帝都有不同的礼仪，夏、商和周三朝的礼仪也是在此基础上经过损

益而得。陛下放心，我的礼仪不繁复，只采取历朝历代的精华，全都会符合陛下您的心意。”

于是，叔孙通带领他的弟子在城郊整日演习礼仪，一个多月后，他请刘邦观赏。刘邦试演了一遍，觉得不错，就下令群臣学习。汉七年（前200）十月，大汉的朝臣在长乐宫一起表演了朝礼，那规模、那排场、那气势，委实非同小可。

刘邦极是满意，威严地说：“我直到今天，才知道做皇帝的显贵。”随即便升叔孙通为通常侍，赏赐黄金五百斤。

经叔孙通的礼仪整治，大汉朝廷初见秩序。

第五章 功臣不过是衣服

贯高的高风亮节

前文说到刘邦由平城班师，路经张敖封地赵国，无缘无故将张敖骂得狗血淋头，刘邦差点因此丧命，这究竟是怎样一回事呢？

张敖是张耳的儿子。张耳死后，张敖继承了父亲赵王的王位。不久，张敖迎娶了刘邦的大女儿鲁元公主，张敖成王成婿的经过就是这么简单。

张耳厉害无比，张敖却老实无能。刘邦生平最恨忠厚老实的人，例如他痛恶刘盈。因此长公主嫁给张敖后，刘邦自然心中不平，但对这位温顺的女婿他也别无他法，只能谩骂。刘邦谩骂时，张敖只是低头忍受，唯唯诺诺。刘邦就愈加看不起张敖，欲将鲁元公主远嫁，但是张敖有个好岳母。鲁元公主的母亲吕雉在刘邦面前处处袒护张敖，总说张敖为人忠厚老实，很可靠。

张敖除了拥有父亲留下的封地，还是皇帝的女婿，不仅皇后宠爱他，他府中还有一帮既忠心又勇猛的大臣。所以张敖虽然懦弱，但有福气。这些大臣中，以赵相贯高和赵午最为勇猛果敢。他们两个都曾跟随张耳征战天下，虽然年纪都已是六十多岁，但宝刀未老，豪气不减当年。

刘邦将张敖乱骂一通，贯高和赵午虽然知道自己的主人是弱主孱王，但也看不下去。事后，贯高和赵午劝张敖说：“天下英雄四起，有能力的先自立为帝。你是刘邦的女婿，侍奉他恭敬有

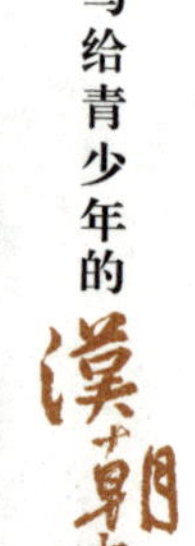

礼，但是刘邦对你太过无礼，让我们杀了他吧！”贯高之意，想拥立张敖为皇帝。但张敖一听，顿时傻眼了，手指都给咬出了血，慢腾腾地说：“你说错了！先王连这赵国差一点都保不住了，幸好有皇上帮助，我们才能复国，皇帝这一助之德可是要流播于我赵氏世世代代，这赵国的一土一石、一花一木都仰仗皇上才得以存活。我求你们下次别再说这样的话了。”

贯高等人听张敖之言后，私下商议说：“赵王这么认为，我们可不这么认为。赵王有长者之风，他不背德，那是他的事。但是，我们绝不受辱，那刘邦侮辱赵王，我们就杀他。我们杀刘邦，那是我们的事，又何必给赵王带来不好的影响呢？这件事，如果成功，功归赵王；如果失败，我们自己承担得了。”

汉八年（前 199）冬，也就是刘邦大骂张敖一年后，刘邦亲自前往乌桓征伐韩王信旧部，贯高等人终于等到了良机。他们知道刘邦将暂住柏人，就藏在厕所的夹壁中，只要刘邦上厕所，就必死无疑。

行至柏人的刘邦想在那里住一宿，可是灵心一动，就问：“这个县叫什么名字？”旁人说叫柏人。柏人，刘邦一寻思，说：“柏人者，迫于人！”于是刘邦领军快走，如避鬼魅。

苦等了一夜的贯高天亮时才发现刘邦早就溜走了。此次暗杀没成功，但没成功并不代表没结果，结果是有的，那就是东窗事发。

汉九年（前 198），贯高暗杀刘邦的事被他的仇家告知刘邦。刘邦大怒，即刻命人逮捕张敖府中诸人。赵午等人觉得早晚都是死，为免受辱，当即自杀。贯高识见略高一筹，大骂赵午等自杀的人说：“刺杀刘邦是谁指使你们去干的？赵王没有参与此次谋杀，却一并被捕；如果刺杀的人都死了，谁来为赵王辩白？”于是，贯高就同张敖一样，坐上囚车，来到长安。

来到长安，自是审讯一番。贯高说刺杀刘邦是他们自己做的，张敖不知情，与张敖无关。刘邦不信反怒，命狱吏大刑审讯。狱吏用尽大刑，贯高仍是坚持原话。

吕雉知道张敖被捕入狱，对刘邦说：“鲁元公主是我们的女儿，张敖是女婿，怎么会刺杀你呢？”刘邦大怒，反问：“如果张敖当了皇帝，天下的女人还少吗？”这句话可谓釜底抽薪，吕雉听了只能闭嘴不言。

廷尉将审讯经过一一告诉刘邦，刘邦说：“真是壮士！谁能给我私下去探探实情？”中大夫泄公说：“我素知此人，他极重信誉，绝不出卖主人。”刘邦便命泄公前往狱中探听实情。

刘邦派泄公前去探听，泄公先同贯高说他如何如何劳苦等话，彼此谈到深处，最后才问张敖究竟是否参与此事。贯高说：“爱自己的父母妻儿子女，这难道不是人之常情吗？现在我三族之人，依罪当死，我难道要用他们的死换赵王活！只是赵王并没谋反，刺杀刘邦是我们自己做的。”贯高将前因后果，原原本本地告诉泄公，泄公转告刘邦，刘邦才赦免了张敖。

贯高的高风亮节让刘邦佩服不已，所以他让泄公去将贯高放了。泄公对贯高说：“赵王已被赦免，皇上很看重你的气节，因而连你也放了。”贯高说：“我之所以忍辱偷生，只是想为赵王辩白。既然赵王无罪，我算尽责任了。我有弑君之罪，哪有脸侍奉皇上！”话刚说完，转身往墙上一撞，折颈而死。

张敖经此一事，身份大是不同。首先，他被降级为宣平侯，他府上的宾客们也都被刘邦以侯相、郡守等官位拉拢；其次，吕雉这尊大靠山，也因为他而越来越惹刘邦生气。刘邦生起气来，绝不认亲，吕雉也就渐渐不再袒护他了。

太子的废立风波

异姓王张敖刚被贬为宣平侯，赵王的位子就换成刘姓子弟来做了。谁得了赵王的封号呢？是刘邦的宠子刘如意。

虽然是庶出，但刘如意有位既年轻漂亮又妖媚的母亲——戚姬。

同是女人，虽然戚姬的心计、智谋和历练都不及吕后，可是她拥有一个女人尤其是皇帝的宠姬所拥有的一切本领——长得漂亮，多才多艺，能歌善舞。刘如意被封为赵王，就是因为她受刘邦的宠爱。

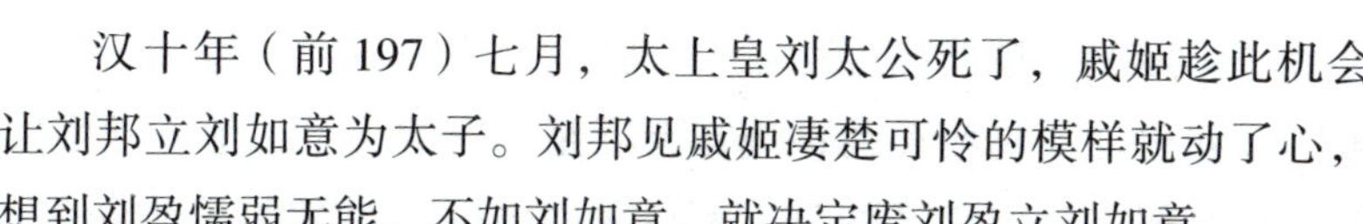

汉十年（前 197）七月，太上皇刘太公死了，戚姬趁此机会让刘邦立刘如意为太子。刘邦见戚姬凄楚可怜的模样就动了心，想到刘盈懦弱无能，不如刘如意，就决定废刘盈立刘如意。

对于刘邦想另立太子，大臣们各执一词，争论不休。见大臣多偏护刘盈，刘邦自然不敢贸然废除刘盈，但立刘如意的主意已经打定了，只等时机到来。

后来，废太子的事搁浅了，戚姬的愿望落空了不说，她手里还捏了一把汗。尽管刘如意是赵王，可是他年纪小，自己做母亲的又没势力，吕雉并非善类，而朝中大臣又帮吕雉母子。身在皇宫，一旦扯入权力斗争，倘若不成功，必然被害。为了赵王和自己的安全，必须找位厉害之人保护，戚姬很犯愁，找谁呢？

刘邦也知道刘如意才十岁，一旦自己身死，吕雉一定不会放过刘如意母子，因此刘邦天天为寻思保全刘如意母子的计策愁眉难展，还时不时悲歌一曲。

符玺御史赵尧见刘邦心忧，知道升迁的机会来了，就对刘备说：“皇上你不高兴，是不是因为赵王年幼，然而戚姬与皇后矛盾日深，担心一旦自己驾崩后，没人保全赵王？”刘邦说：“确实如此，就是不知道该怎么办。”

“这就简单了，只要皇帝你在赵王身边安排一位让皇后、太子和大臣们又敬又怕的相国辅助就行了。”

“我也这么想，可是大臣中谁适合呢？”

“依我看，只有御史大夫周昌能胜任，此人耿直敢言，吕后、太子和大臣无不对他又敬又惧。”赵尧盘算着，只要挤走周昌，自己就能接任御史大夫一职。既为皇上解了忧，自己又能升迁，真是天下少有的美事。听了赵尧一番话，刘邦觉得很有道理。

周昌一走，吕雉再一次发愁，有人建议他请张良出马。此时的张良正闭关清修，不理世事。张良智计百出，吕雉听到这个建议大喜过望，即命吕泽前去，无论如何都要请张良出马。

吕泽一见张良，就问："你是皇上的谋臣智士，现在皇上想废太子，你怎么还能高枕而卧？"张良回答说："以前皇上多次被困，我出计那是应该的；现在天下是刘家的天下，他爱立谁废谁，那是他们骨肉之亲的事，就算我们做臣子的有几百人劝说又怎么样？"

领了死命令的吕泽知道，没有结果就不能回去见吕雉。吕泽软硬兼施，无论如何，定要张良出一计。面对吕泽坚决的态度，张良只得给吕雉指条明路。

"废立之事，仅靠嘴说是不行的。皇上所钦佩，却又不能招纳的就只有四个人，你们将那四人聘请来就行了。那四人都老了，他们因为皇上轻慢士人，逃进山里，誓不为汉臣，但皇上很看重他们四人。如果你们能以卑辞厚礼、婉言相请，应该能请来。请他们辅助太子，上朝时让皇上见见，帮助会很大的。"

这四人，就是商山四皓，分别是东园公唐秉、角里先生周术、绮里季吴实和夏黄公崔广。

张良不愧是汉室的大谋士，吕后依言将那四人聘请出来后，四人奇谋屡出，让刘盈平平安安地走上了帝位。

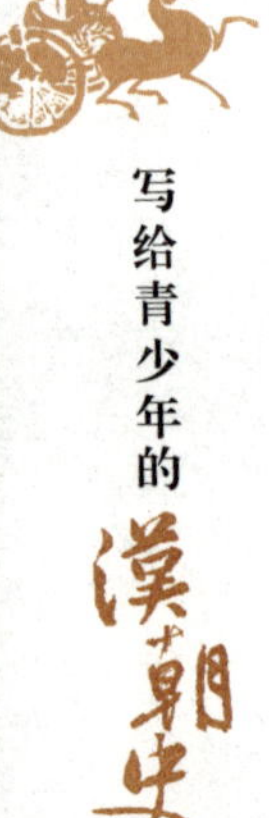

韩信命丧女子之谋

刘如意升迁为赵王，刘邦就封刘恒为代王。如果说刘盈因不像刘邦而不受喜爱，刘恒就更加不受刘邦喜爱。刘恒的母亲薄姬默默无闻，不受刘邦宠爱；刘恒仁爱厚道，也同薄姬一样默默无闻；皇宫里有他们母子就跟没有一样。

刘恒年幼，陈豨暂代刘恒，前往代郡管理。陈豨是宛朐人，有勇无谋。这位陈豨平素敬服韩信，前往代国上任之前，不知还有没有机会回长安，就去向韩信辞别。

这些年来，韩信一直都说自己有病，上不了朝。韩信出此招，全因害怕刘邦忌妒他的才能，可是这样一来，朝中对他的怨言更深。韩信恃才自傲，也不管朝臣怎么看他。他称病居家的这些日子，就只有两人前来看望过他，第一位是樊哙，第二位就是陈豨。

曾经叱咤风云、横行天下的韩信，如今不得不称病窝在家中，一无消遣玩乐，二没知己拜访，自然极为郁闷难熬。陈豨一来，韩信当然高兴，他拉着陈豨的手在庭院里走了一圈又一圈。韩信一边走一边仰天悲叹，叹了又叹，最后说："你来看我，但你是可以说真心话的人吗？我有好多话想同你说。"韩信如此坦诚，陈豨受宠若惊，马上回答："将军发令，唯命是从。"

"你将要去的地方，那里部署天下精兵，你又是皇上十分宠爱信任的人。第一次有人告你反叛，皇上一定不信；第二次再有人告，皇上才会怀疑；到第三次，皇上一定发怒，御驾亲征。皇帝一走，我在关中起事，你在外接应，天下就是我们的了。"

对于韩信的能力，陈豨毫不怀疑，甚至就这一点而言，他相信韩信胜过相信自己。能跟这样一位旷世大将干大事，就算失败也会失败得轰轰烈烈，就算死也死得气贯长虹。陈豨信服韩信，打算将命豁出去大干一场。

于是，到了代郡的陈豨马上广招宾客，大力培植势力。一进一出，都有几千宾客相伴。陈豨一举一动就牵扯几千家臣，令人不禁害怕。

周昌见事不对，上书刘邦说陈豨的家臣太多了，又带兵在外，要防范他造反。刘邦派人查陈豨家臣的履历，发现他们大部分都有犯罪记录。

陈豨此时已经派人私下串通王黄和曼丘臣等人，预谋造反。造反还没发动，皇帝已经知道消息，韩信当即命王黄劝陈豨自立为代王，即刻攻打赵国，抢占根据地。周昌既然耿直敢言，陈豨就该让他吃吃告密的苦楚。

赵国有刘邦的爱子刘如意和耿直敢言的周昌，刘邦大怒，于是发兵亲征。

刘邦刚走，韩信就私下派人到陈豨处，又和家臣计划如何假装大赦罪犯和奴隶，趁机发兵攻打吕雉和太子，一举夺取长安，称霸天下。韩信将一切布置妥当，只等陈豨消息。

刘邦到了邯郸之后，见陈豨不据守邯郸却驻防漳水，很高兴，心想陈豨死期不远了。刘邦攻打陈豨，燕王卢绾也想尽尽力，表表忠心，于是从东北方攻击陈豨。

正当大事之际，韩信门下一位名叫栾说的舍人得罪韩信，被抓起来，将要问斩。栾说有位弟弟，将韩信的密谋全部告诉了吕雉。吕雉想直接招韩信进宫诛杀，又担心刘邦不在，韩信拒不受诏令，于是招萧何密谋。

突然，宫中大传，说刘邦回来了，陈豨已死，召朝臣全体入朝拜贺。萧何来见韩信，说："你虽然身体不舒服，这么大的喜事，还是要去贺贺，解解朝廷对你的疑心。"韩信消息不通，不知真假，欲借此机会，往宫中探听虚实。

韩信太过相信这位老朋友了，他刚一入朝，就有一众武士跳将出来，干净利落地将他绑了，吕雉下令立刻将其斩首。刽子手手起刀落，韩信就死在了长乐宫的悬钟室。

原来刘邦还没回来，一切全是萧何的主意：诈称陈豨被诛，刘邦得胜还朝，宣韩信入朝，将其斩杀。韩信临死，留下一句话，说："我当初不听蒯通谋划，致使今天命丧女子计谋，难道不是天意吗？"

刘邦大破陈豨归来，听说韩信死了，又高兴又哀伤，真是百感交集。

"韩信死时说了什么？"刘邦问吕雉。

"他说了什么？他说后悔不用蒯通之计，致使遭受妇人之谋，

难道不是天意。”

刘邦大怒，蒯通竟然敢教人谋反，他即刻下令抓捕蒯通，热水伺候。

彭越身死

蒯通知道自己会因韩信之死而受牵连，但他是位游说辩士，辩才无碍，自然要为自己开罪。

“你为什么要教韩信谋反？”刘邦恨恨地问。

蒯通说：“我劝韩信的时候，我只知道韩信，不认识你刘邦。秦国无道，丢失天下，这天下就好比一块大肥肉，大家都可以抢。谁不想做皇上你今天所做的事，只是能力不及罢了，你能将这些人都给杀光吗？”刘邦听后，觉得他言之成理，就放了蒯通。

韩信一死，刘邦就对那些称病的人大起疑心，认为他们躲起来的原因就是有密谋。如果没有密谋，就不会整天称病在家。这样一想，刘邦突然想到一人，那人名叫彭越。

彭越是盗匪起家，跟随刘邦打天下。项羽死后，彭越就是梁王，住在定陶。头几年他还来朝拜，后来朝拜就少了，最后称病不朝。

刘邦领兵攻打陈豨，在邯郸就向梁王彭越征兵。刘邦本意不是征兵那么简单，而是想让彭越领兵相助。彭越称病，仅派部属带兵到邯郸见刘邦。刘邦大怒，派人前去责难彭越。彭越很害怕，想亲自去向刘邦谢罪。

彭越部下大将扈辄对彭越说：“你开始不去，待皇上责备后才去，这不是明摆着心里有鬼吗？你这一去，必然被抓，还不如起兵造反。”彭越不用扈辄之计，也不去见刘邦，仍旧称病居家。

刘邦实在觉得彭越可疑，苦在证据不足。正巧彭越的太仆犯事，逃到关中，告诉刘邦说彭越与扈辄想要造反。刘邦一听，机会来了，马上派人突击逮捕彭越，并将彭越押到洛阳。廷尉审讯后，确定彭越称病的性质为意图造反，去问刘邦该如何处置彭越。

刘邦突生慈心，念在彭越以往的功劳，没杀彭越，贬为庶人，将彭越发配蜀地青衣。

彭越是山东人，被发配四川，自然极是不愿意，苦苦寻思挽救之法。

这一日，彭越等向西走到郑，恰好遇上吕雉从长安东去洛阳。不晓得彭越是老糊涂了，还是被吓傻了，他竟然去求吕雉。

彭越声泪俱下地求吕雉："皇后啊，我真的没有想造反，我是无辜的呀。求你看在我们一起打天下的分上，向皇上求求情，我只想回到故乡昌邑。"

吕雉对彭越说："你放心吧，你的事我全都知道。你忠心耿耿，不像韩信，我一定在刘邦面前替你求情。"

吕雉嘴上说得好，行动更爽快，当即就带彭越一起去了洛阳。一路上，吕雉对彭越可是好得不能再好，可能刘邦都没享受过此等待遇。

刚到洛阳，吕雉就去见刘邦，彭越感激涕零。

"彭越是壮士，你把他发配到蜀地，不是养虎遗患吗？依我看，不如将他杀了。你放心，我会给你省事的，我连他的人都带来了。"吕雉说得绘声绘色，刘邦听后点头同意。

吕雉心狠，刘邦手辣，曾经驰骋沙场的彭越，就这样死了。

彭越死后，头被悬挂在洛阳城上，刘邦下了一道令：谁为彭越收殓，就抓谁。这时有一位身穿官服的人前来向彭越的首级奏事，奏完事后，他便将彭越收装入殓，大哭痛哭。

这痛哭之人，就是栾布。栾布和彭越关系好，彭越救过他一命。彭越出事时，栾布恰好出使齐国，不在朝廷。分别才几日，回来一见，故人兼救命恩人被枭首示众，如何不痛哭？

逮捕栾布后，刘邦大骂："你是彭越这反贼的同伙吗？我命令不准收殓彭越，你偏偏收殓，还大哭痛哭，这明明是反贼行为。

拉出去，煮了。”士卒将栾布抓到热水面前，栾布回头对刘邦说：“我想说一句话再死。”栾布嘴上说“说一句话就死”，其实心里想的是“说一句”后就不会死。

刘邦问他还要何话说，栾布说：“当皇上您被困彭城，兵败于荥阳、成皋一带的时候，项王之所以不能顺利西进，就是因为彭王彭越守着梁地，跟汉军联合而拒楚。在那个时候，成败就在彭王一念之间，彭王跟楚联合，汉就失败；跟汉联合，楚就失败。再说垓下之战，没有彭王，项羽不会灭亡。现在天下已经大定，彭王接受符节受了封，也想把爵位世世代代地传下去。现在皇上您仅仅为了到梁国征兵，彭王因病不能前来，就认为他要谋反。可是他谋反的形迹没有显露，您就因苛求小节而诛灭了他的家族。我担心有功之臣人人自危。现在彭王已经死了，我活着倒不如死去的好，请您烹了我吧。”刘邦觉得栾布的话不错，于是将他给放了，并封他为都尉。

刘邦虽然放过了栾布，但是他将彭越剁成了肉酱，每位诸侯都送了一碗。

商山四皓力保太子

陈豨自立为代王后，即刻攻打赵国。刘邦大怒，命太子刘盈征讨。太子亲征这事并非表面上那么简单。前来保护太子的商山四皓竭力反对，他们认为，太子带兵征讨会很危险。

他们对吕泽说："太子带兵在外征讨，对他继承皇位没多大益处；如果没功，从此将留下话柄，妨碍接任皇位。况且让年弱的太子和开国功臣同去，那些开国功臣可全部都是跟随皇帝打天下的勇将，蛮横得紧，让太子带领他们，不是驱羊入虎口吗？那些老将，他们一定不肯听太子调遣，打仗无兵将，必然无功。我们听说，如果母亲受宠，孩子一定会被父亲喜爱。戚姬日日夜夜陪伴在皇帝身边，赵王天天见到皇帝，皇上一定会说'我绝不能让不成器的人位居于我爱的孩子之上'，到时赵王就会被立为太子。你快快让吕后趁戚姬不在时，向皇上哭诉，说：'陈豨是天下猛将，善于用兵，现在太子带领的将士都是你的故旧部属，恐怕他们不听调遣。如果陈豨听说此事，他将一鼓作气，向西攻进，直取长安。你虽然不舒服，但如果你御驾亲征，那些将领有谁敢不效死力。我知道这很辛苦，但为了我们母子，你就去吧。'"

刘邦想借太子出征一事，随便找个借口将刘盈废了，另立刘如意为太子，可是商山四皓早就看透了，给吕雉出了这一招。吕雉向刘邦一哭，死缠烂打，刘邦只得御驾亲征。

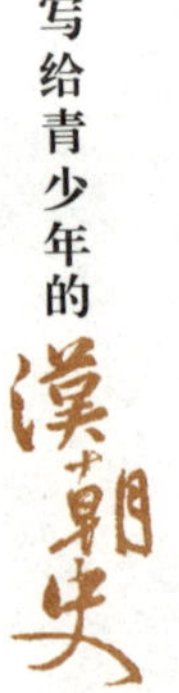

第六章 剪除异姓王

英布之死

唇亡齿寒。刘邦连诛两位开国大将，众诸侯无不心惊。在这些胆战心惊的人中，英布最为害怕。他整日提心吊胆，惴惴不安。

杀了彭越后，刘邦没单独对付英布，但给英布送了碗人肉粥，这人肉，就是彭越的肉。自此，英布更是坐不安席，睡不安寝，总感觉有柄剑悬在头顶。

这几天，英布的一位宠妾病了。给这位宠妾看病的医生住在中大夫贲赫的对门，为尽人臣之礼，贲赫带上礼物，前去看望，还在医生家同那位宠妾吃了顿饭。一天，这位宠妾陪侍英布，大夸贲赫有长者之风。英布一听很生气，问她怎么知道。这位宠妾将贲赫去看望她和在医生家一起吃饭的事都说了。英布醋意大发，怀疑贲赫同他的宠妾通奸。

贲赫听说英布怀疑自己与宠妾通奸，非常害怕，装病不见英布。英布听说贲赫装病，怒气更盛，马上派人捉拿贲赫。贲赫趁机逃跑，兵将无用，没捉住贲赫。贲赫刚到长安，立即上书告英布意图谋反，建议趁英布未反，朝廷先发制人，派兵将英布给斩了。

刘邦拿贲赫的信给萧何看，萧何说：“英布应该不会谋反，恐怕是仇家诬告。先将贲赫抓起来，再派人到英布那里暗中查看。”

英布早已经是草木皆兵，他干脆杀了贲赫一家，起兵造反。

刘邦听到英布起兵造反，立刻放了贲赫，封贲赫为将军。

“英布造反，该怎么办？”刘邦问诸侯们。

诸侯们都说：“派兵去将他杀了，除此还能怎么办？”

汝阴侯夏侯婴举荐了自己的家臣薛公，因为薛公有见地。

刘邦召见薛公，薛公对刘邦讲，英布造反不是怪事，英布只有三条路可选，不必忧心。第一条路，是上计，如果英布用上计，山东就不是刘邦的了；第二条路，是中计，如果英布用第二条计，刘邦与英布的胜败存亡就说不定；第三条路，是下计，如果英布用第三计，刘邦就可以垫高枕头睡大觉，不必担心。

“那英布会用哪一计呢？”刘邦急切地问。

“下计。”

“上计那么好，他为什么不用上计，而用下计？”

“英布是骊山的一个囚犯，他现在虽然是万乘之主，但他只会为眼前的切身利益打算，哪里会想到身后之事，所以他一定行下计。”

刘邦听后很高兴，封薛公千户，亲征英布。

张良带病送行曲邮，对刘邦说：“我本该也去，但病重。楚人勇猛迅捷，皇帝你不要和他们硬打。”张良劝刘邦让刘盈为关中将军监军。刘邦命张良做太子傅。张良向来忠心，况且他是真病，不是装病，刘邦对他很放心。

一路西行的英布军，与刘邦军在蕲西相遇，在甀地作战。见英布布的阵很像项羽布的，刘邦很是气愤，远远地喊，问英布：“我们关系好好的，你要造反，这是何苦？”英布回答：“只是想当当皇帝。”

刘邦破口大骂，大驱兵马掩杀，破英布军军阵。英布军渡淮河，汉军乘胜追击，英布军被迫停下和刘邦的军队战斗好几次，每次都是失利逃跑，最后英布带领几百人逃到长江以南。

刘邦虽然破了英布的战阵，大败英布，但他也被流矢击中。这次受伤原本没什么大碍，可是刘邦老了，身体不行，路上又颠

簸，人又爱发脾气，竟然遗留下丧命的隐患。

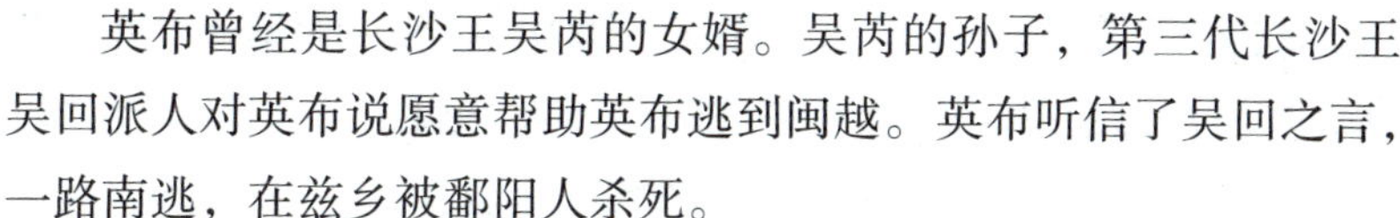

英布曾经是长沙王吴芮的女婿。吴芮的孙子，第三代长沙王吴回派人对英布说愿意帮助英布逃到闽越。英布听信了吴回之言，一路南逃，在兹乡被鄱阳人杀死。

戚姬的悲歌

刘邦大破英布军后，班师回朝，路经沛县。沛县百姓大宴汉军，一连十几日。酒酣耳热之际，刘邦自作自吟一曲《大风歌》，表达渴求猛士守御疆土的壮阔情怀。

一曲唱完，刘邦心中波澜难以平静。

刘邦对沛县的父老乡亲们说："在外的游子，无论过得如何好，都会因思恋故乡而伤悲。我虽然拥有天下，住在长安，可我的内心是思念沛县的，它是属于沛县的。我从沛县起兵反抗秦朝暴政，拥有天下，所以我封沛县为皇帝的汤沐邑，我将让我的后代善待沛县的百姓，永远不向你们征收赋税。"

沛县百姓欢呼雀跃。

后来刘邦要走，沛县百姓百般挽留，非常舍不得。刘邦说："我们兵将太多了，百姓们供给不起。"于是刘邦大军班师回朝。回长安后，刘邦病重，他又重提另立太子之事。

听说刘邦要另立太子，太傅叔孙通跳了出来，予以反对。可是，改立刘如意为太子，这是刘邦很久前就打定了的主意，他不会因大臣的几句话就轻易放弃。

这一天，刘邦安排一桌饭，摆上酒，让太子陪侍。刘邦准备在这桌饭上将刘盈废掉。然而，人算不如天算，这次老天不帮刘邦，而帮刘盈。

刘盈不是一个人来赴宴的，他的身后跟着四个鹤发童颜、精神矍铄的老人。刘邦一看，不认识。再看一眼，只见这四个老头个个八十多岁，每人都是宽袍大袖，容貌伟岸，很像神仙。

这四人，就是张良向吕雉举荐的商山四皓。刘邦对这四位极为敬服，日思夜想，却请不到这四位高人。如今见商山四皓对刘盈恭恭敬敬，刘邦连忙问：“我曾经找你们，你们却躲着我，我找得好苦。我想自己这辈子是再也见不到你们了，现在你们却在我孩子身边，这是为什么？”

“皇上你轻慢士人，又爱骂人，我们当然不愿受你的折辱，因此逃亡。我们听说太子仁爱孝顺，礼遇朝臣，谦卑下士，天下人没有不愿意伸长脖子为太子而死的，所以我们就来辅助太子。”

刘邦听后，再也不觉得刘盈懦弱无能，恭恭敬敬地说：“那就麻烦几位费心辅佐太子。”

四人敬完酒后，跟在刘盈身后，小步快速退出。刘邦目送他们远去，将戚姬叫出来，指着远去的人影说：“我本想将刘盈给废了，但是他有那商山四皓辅助，太子羽翼已经丰满，现在是动不得了。皇后真是一位好母亲。”

戚姬一听，大哭不止。戚姬痛心，刘邦也不好过，但他知道一切已成舟之木，不可挽回，于是说：“不要哭了，你给我跳个楚舞，我来唱一支楚歌。”刘邦其实不了解女人心，戚姬如此伤心，他还要唱歌。

和着戚姬的舞步，刘邦高唱了一曲：

鸿鹄高飞，一举千里；
羽翼以就，横绝四海。
横绝四海，又可奈何；
虽有矰缴，尚安所施！

刘邦见戚姬舞得独特，也看出了她舞中的悲痛凄苦之意，内心恻然。他这几句歌词，将太子比作鸿鹄，说鸿鹄羽翼已经长丰满了，一飞千里，高达万丈，纵使我有好弓好箭，也不能拿他怎么样。

舞姿悲痛，歌声无奈！戚姬一脸凄迷，两行泪下，悲痛难抑。

这次酒宴过后，刘邦再也没提另立太子之事。

吕雉和戚姬本来就仇怨难解，加上争夺太子之位，双方更是势如水火，有你无我。刘邦死后，后宫之内必定会有一场你死我活的斗争。

卢绾身亡

当初刘邦攻打陈豨，卢绾为表忠心，也从东北方尽力攻打，并派张胜去劝匈奴不要帮助陈豨。张胜到匈奴遇见的第一个人是臧衍。臧衍是项羽部将藏荼的儿子，父亲兵败后，他逃到匈奴，终日寻思报仇之计。

他乡遇故人，张胜和臧衍都兴奋异常，两人席地而坐，促膝而谈。谈着谈着，臧衍就对张胜说："你之所以在燕国的地位很重要，全是因为你对匈奴很了解。燕国之所以能够生存到现在，那是因为诸侯接连不断地造反，战乱不断，朝廷无暇。现在，你为了燕国，想马上就将陈豨等反贼给灭了，然而，如果陈豨等人死了，下一个要死的就是燕王，同时你也难逃。你何不暂且留陈豨等一命，联合匈奴，如果双方相安无事，燕国平安；如果刘邦逼急了，你们也能保住燕国。"张胜一听，觉得不错，同时让匈奴兵攻打燕国军队，以消除刘邦的疑心。

知道匈奴兵攻打燕军，卢绾就怀疑张胜联合匈奴造反，马上上书请求刘邦允许他灭掉张胜全族。卢绾的书信刚发出，张胜就从匈奴回来了。张胜将他在匈奴的一切都告诉给了卢绾，尤其将臧衍的话转告给了卢绾。

兔死狗烹，韩信、彭越和英布三位异姓王都死了，卢绾也不得不怕，他感觉到自己生活在死亡的威胁中。在这种威胁中，卢绾也失去了理智，觉得臧衍说得很对。于是卢绾双管齐下，首先找人冒充张胜全族，斩假张胜全族，并派张胜为信使，联络匈奴；

其次，派范齐去见陈豨，商量双方联兵之事。

卢绾这么做，是很奸诈也很严重的脚踏两只船的行为。说奸诈，是因为他一心二用；说严重，是因为后果不堪设想。卢绾不想想，万一陈豨兵败，他还能支持多久。一旦陈豨被诛，消息泄露，卢绾就成了反贼。果然，陈豨被斩后，其部属投降，就将卢绾派范齐私通陈豨的事告诉了刘邦。

对付了那么多反贼，刘邦总结出一个检验别人是否忠诚的高招，叫验诚招。如果怀疑某人造反，便遣使召那个人来长安，如来，证明不反；如不来，一定反；如果称病不来，必然居家谋反。刘邦召卢绾来长安，卢绾称病相辞。

虽然心中怀疑，但卢绾毕竟是和刘邦一起玩到大，一起打天下的好兄弟，于是刘邦就给了他点特殊待遇。刘邦派辟阳侯审食其和御史大夫赵尧去接卢绾来长安，并命两人暗中打探。

朝廷派来两位高级官员，卢绾却躲藏不见人，还对宠臣们说："能够做王但不姓刘的，只剩我和长沙王两个人。前几年朝廷诛韩信全族，杀害彭越，都是吕雉的计谋。现在皇上病了，一切事情都归吕雉处理，吕雉妇人短见，专门干诛杀异姓王和大功臣的勾当。"卢绾的话不仅没有激发家臣的反抗之心，反而让家臣们全部都跑掉了。

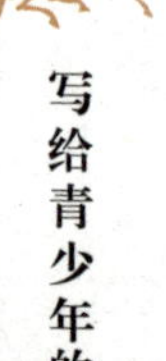

审食其听到风声，将一切上报刘邦，刘邦很生气。不久，汉军抓住一位匈奴将领，这位将领承认张胜为燕国出使，住在匈奴。刘邦只说一句："卢绾果然造反了！"

刘邦派樊哙征讨卢绾，后来又派周勃代樊哙领军征讨。卢绾率领几千骑兵，在长城下等候。卢绾是这么想的，等刘邦身体好点，气消了，他再亲自进宫谢罪。

然而，天不遂人愿，刘邦驾崩了。刘邦是被卢绾造反活活气死的。

刘邦一死，卢绾知道自己脱不了干系，马上逃到匈奴。匈奴封卢绾为东胡卢王，但卢绾这东胡卢王并不好当，常常受到蛮夷

的侵扰。

流落异乡，卢绾日日思乡，终日郁郁，一年多后，死在匈奴。

戚姬惨变人彘

人事有代谢，往来成古今。刘邦一死，刘盈继位，吕雉由皇后变成了皇太后。刘盈年幼懦弱，生性敦厚，大权全归吕雉。吕雉等了好久终于等到今天，她感到前程似锦，一片光明。

刘邦死前就很担心戚姬和刘如意的安危，临死时因樊哙有擅杀戚姬和刘如意之心欲斩樊哙，但因樊哙是吕后的妹夫没有杀成。刘邦越是疼爱戚姬，吕雉越恨她；刘邦要戚姬活，吕雉就要她死。刘邦死后，他的担心变成了现实。

吕雉将戚姬囚禁在永巷。这永巷，就是人们常说的冷宫。吕雉费了一番心思，把戚姬打扮得人不人，鬼不鬼。首先，吕雉将戚姬剔成光头，脖子给她戴上铁圈；然后，给戚姬穿上囚犯的衣服，派她舂米。戚姬的美貌不在了，芊芊玉手变粗了，然而，她还有曼妙动听的嗓音。

一位能歌善舞、受皇帝恩宠的美人，遭遇如此，都是为了孩子，戚姬所想的当然是赵王刘如意了。可是，吕雉就是不让她有思恋之情可寄。吕雉想，你既然想刘如意，我就将他给杀了。吕雉连派三拨使者前去召刘如意回长安，三拨使者都无功而返，因为刘如意身边有位很厉害的周昌。

耿直的周昌直接对吕雉的使者说："高祖皇帝嘱咐我辅助赵王，现在赵王才十二岁，年幼。我听说皇太后对戚夫人厌恨极深，想叫赵王去，将他们母子一并杀死。我不敢让赵王随你们去，再说赵王身体不适，不能奉诏前行。"

遇上这种顽固不化的家伙，吕雉先是大怒，接着就寻思将他这块大石搬开之计。

压下怒气的吕雉，以朝廷命令召赵相周昌回长安。汉朝规定，各封国二千石以上官吏的任免权在朝廷。相国属于二千石以上官吏，受朝廷的直接任免。朝廷下诏，身为朝臣，周昌别无他法，只得回长安。

前脚周昌刚回长安，后脚吕雉就派人去召刘如意。这次刘如意是来了，但出人意料的是，中途杀出一个吕雉做梦都没想到的人。此人正是他的儿子刘盈。刘盈没有刘邦的流氓气，也没有吕雉的歹毒。刘盈宽和仁厚，很喜爱刘如意，知道吕雉阴险毒辣想杀害刘如意，就亲自到霸上迎接刘如意。

刘盈陪刘如意一起进宫、一起玩耍、一起吃饭、一起睡觉，总之，两人形影不离。然而，他只知道自己和刘如意天天在一起吕雉就无从下手，却不知道他不能时时刻刻都和刘如意在一起。

刘盈和刘如意一起玩耍、一起吃饭、一起睡觉已有几个月了，吕雉一直在旁静静等待时机。皇天不负苦心人，机会终于来了。

这天，刘盈起得很早，要去打猎。刘如意睡得很甜，刘盈叫了几次，刘如意还是起不来。刘盈不忍扰他美梦，就独自出去打猎了。等刘盈回来，只见刘如意硬邦邦地躺在床上，死了。原来，吕雉见刘盈出去，立即让人端了杯鸩酒给刘如意喝。

儿子一死，母亲也跟着遭殃。吕雉命人先砍断戚姬的手足，再挖去她的眼睛，毒聋她的耳朵，最后下药药哑她。这么一来，戚姬不能走，看不见东西，听不到声音，说不出话，深刻体悟到了世界上所有的痛苦。

“人彘”，这是吕雉给关进地窖的戚姬取的新名字。彘在古文中是猪的意思，直译成现代汉语就是“人猪”，意译就是猪狗不如。

过了几个月，吕雉让刘盈去参观“人彘”。打开一个小孔，一线光亮射入，刘盈看见一个有身体，有头，没有手和足；会动，不会说话的又像人又不像人的东西，心下大骇，问：“这是什么？”

“是什么？就是戚姬！”

刘盈一听，痛哭不已，之后就病了，这一病，就病了一年多起不来床。

一年多后，刘盈好不容易能下床，他让人给吕雉送去一句话，说：“你这样做不是人做的。我是你的儿子，我绝不再管理天下！”

自此，刘盈天天饮酒作乐。

刘盈承受不住吕雉所带来的痛苦，就以冷漠对待。如果吕雉是位多愁善感的人，她一定会屈服。但吕雉生性刚毅、心狠手辣，冷暴力对这个女人毫无用处。

全身而退的智慧

卢绾造反时，刘邦病重，便命樊哙带军征讨。刘邦病得头昏眼花，听说樊哙是吕雉的党羽，存心诛杀爱子刘如意、爱姬戚氏，当即怒从心上起，令陈平和周勃前去军中斩杀樊哙。

这个任务真让陈平尴尬万分，不杀樊哙是抗旨，杀了后患无穷。首先，樊哙屡立大功，是朝廷要员。其次，樊哙是吕雉的妹夫，倘若有人进谗，吕雉的辣手就要伸向陈平。

陈平和周勃领了圣旨前去，陈平担心吕雉报复，对周勃说："樊哙是皇上的故交，况且功劳不小，再加上他是吕雉的妹夫，又是皇室亲戚、朝廷贵人。皇上一时生气让我们去斩他，如果皇上突然后悔了呢？我们还是先将樊哙抓住，带他去长安，让皇上发落。"陈平果然厉害，这么一来，如果刘邦斩樊哙，责任就不在他身上；如果刘邦宽释樊哙，他就是樊哙的恩人、刘邦的好帮手、吕雉的贵人。陈平这一招，卸去了仇怨，保存了恩情，为自己留下了后路。

还没到军中，陈平就先筑个坛，召樊哙前来领旨。樊哙有勇无谋，一招就来。樊哙刚到，立即被抓。之后由周勃代樊哙督军攻打卢绾。

谁想行至半途，刘邦死讯传来。陈平担心樊哙的妻子吕媭向吕雉进谗言，于是抛下樊哙慢行，只身赶去长安奔丧。果不出陈平所料，他刚到荥阳，就遇见招他回长安的使者。陈平快马加鞭，火速入宫，痛哭刘邦。吕雉见陈平哭得悲怆难抑，心先软了。待陈平哭诉完刘邦派遣自己诛杀樊哙，而自己将樊哙押回长安听候发落后，吕雉知道樊哙没死，很高兴。

陈平哭得很悲痛，吕雉也生了恻隐之心，对他说："你不要太伤心了，注意身体。"陈平不仅有智，还很会表演。他表演得太真了，连心狠手辣的吕雉都骗过了。为确保安全，杜绝谗言，陈平请求为刘邦守灵，暂留长安，静观事变。吕雉应允。

陈平一计，樊哙官复原位，自己全身而退，这就是智慧。

第七章 帝国姓刘还是姓吕

吕后归西

吕雉称制的第八年（前 180），去霸上祈福，经过轵道时，看见一只如苍狗的东西飞到她腋下。吕雉惊恐万分，撕破衣服，想找出那个东西，看看是什么。

吕雉没在腋下发现什么，但也正因为什么也没发现，所以她越发感到害怕。自此以后，每天吕雉都觉得腋下有异物，脱衣查看，却什么都没有；刚穿上衣服，她又觉得腋下有异物蠕动，这种感觉像蛇爬，像蜈蚣走动，又像蜘蛛布丝。

自从看见那苍狗般的异物飞进腋下后，吕雉的身体一天不如一天，终日心神恍惚。她请人给她占了一卦，卦象说那是刘如意的冤魂。

这可真让人不寒而栗。吕雉怕天，也怕冤魂，更怕刘如意的冤魂。但她仍旧将大权抓得很紧，照样整治那些她看不顺眼的人。四月，老天大发脾气了，南方暴雨不停，长江和嘉陵江泛滥成灾，洪水冲走一万多户人家。

她知道大臣们不服吕氏掌权，她要安排好后事才死。张敖和鲁元公主生了个儿子，名叫张偃，张偃命也不太好，父母早死，留下他在人间孤孤单单地活。吕雉知道张偃无能，于是封张敖和姬妾生的两个儿子为侯，让他们辅助张偃。

她还封吕禄为上将军，统率北军，让吕产统率南军。这两支

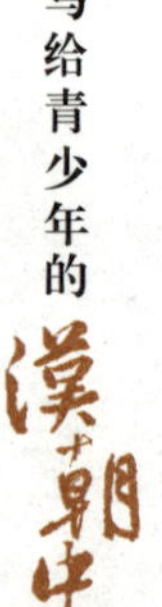

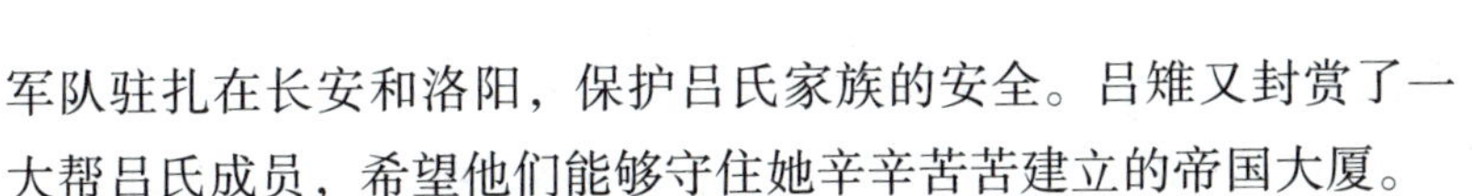

军队驻扎在长安和洛阳，保护吕氏家族的安全。吕雉又封赏了一大帮吕氏成员，希望他们能够守住她辛辛苦苦建立的帝国大厦。

吕雉死后，大赦天下。吕产升为相国，吕禄的女儿为后少帝刘弘的皇后。

吕雉企图以政治婚姻的形式打入刘氏皇族，然而，并非每个吕氏女人都如她那么坚定。在吕雉的一手操纵下，她给刘氏家族送去了一位极好的间谍。这位间谍是吕禄的另一个女儿，齐王刘肥次子、朱虚侯刘章的妻子。

吕雉本想让吕氏女子潜伏于刘氏皇族，殊不知，吕氏集团却被反潜伏。吕禄的女儿知道父亲和吕产担心被诛，预谋作乱，便将消息告诉刘章。刘章即刻转告齐王刘襄，说："吕氏家族要造反，你快出兵西进，我和兴居打内应，大家一起诛灭诸吕，你做皇帝。"

刘襄马上召集舅父驷钧、郎中令祝午和中尉魏勃，准备起兵西进。突然，丞相召平派士卒将齐宫团团围住。召平是吕雉安插的密探。但吕雉只会提拔人，不会培养人才，因此魏勃只用几句话就稳住了召平。

刘襄脱困后，命魏勃为将军，封驷钧为丞相，拜祝午为内史，起全国之兵，浩浩荡荡向西进发。

刘襄命祝午前去游说琅玡王刘泽，说："吕氏家族想造反，齐王刘襄已经起兵前往征讨。齐王知道自己辈分低，年纪轻，不懂打仗的事，他愿意将整个齐国的兵交给你。你和高祖皇帝东征西讨，了解战争，齐王不敢私自动兵。齐王派我为使，请你前往临菑和齐王商议，共同平定关中。"刘泽听得心花怒放。刘氏门中，他辈分最高，资格最老，一旦诛灭吕氏，他无疑就是新皇帝。

这些人是各有各的如意算盘。刘泽想当皇帝，刘襄想趁机收回他的琅玡郡。刘泽的琅玡郡原属齐国，为拉拢刘泽，吕雉割齐国的琅玡郡给刘泽，封刘泽为琅玡王，嫁吕媭的女儿给他。

刘泽见不得一丁点利益，发现能当皇帝，高兴得差点疯了。他当即起行，随祝午前往临菑。一到临菑，刘襄就扣留了刘泽，命祝午返回，率领琅琊郡兵西进。

刘泽被扣，肠子都悔青了，立刻整理思绪，寻思脱身之计。他发现不止他一人想当皇帝，于是对刘襄说："你父亲刘肥，是高祖皇帝的长子，你是长孙，诛灭吕氏后，你就该当皇帝。朝臣对此狐疑不决，我在刘氏中辈分最高，资格最老，说话有分量。留我在临菑对你无益，让我去长安，我保你当皇帝。"

刘襄听后，心下大乐，当即派一支卫队护送刘泽去长安。

刘泽走后，刘襄大驱军马，攻取济南。为加速实现皇帝梦，刘襄传檄天下。

诸吕深感恐惧，吕产派大将军灌婴东进迎敌。但是灌婴只忠于刘氏，因此屯兵荥阳不发，并与刘襄约定，待诸吕叛乱，两军同时攻向长安。灌婴军屯荥阳，刘襄军屯济南郡，两军虎视眈眈，时刻注视长安。一旦长安稍有变动，两军齐发，诸吕必成齑粉。

吕氏败亡

吕产病急乱投医，竟然派灌婴迎击刘襄，灌婴对刘氏忠诚无二，这根本就是倒持太阿，反助敌军。

为夺取兵权和相印，陈平和周勃劫持曲周侯郦商，逼迫他儿子郦寄游说吕禄，威胁吕禄交出兵权，归还相印。

郦寄对吕禄进行了一番劝说，吕禄是个蠢笨之人，竟认为郦寄说得对，便去和吕产以及诸吕商量交出大权一事。诸吕子弟毫无见识，各执一词，商讨半天只能暂且搁置。

吕禄很信任郦寄，他们两人相约一起去打猎。他去打猎，多半是郦寄出的主意，想趁机再劝。打猎途中，吕禄顺道去看望了姑姑吕媭。吕媭见吕禄毫不将外患内忧放在心上，勃然大怒，说："你作为将军，竟然在这个时候抛下军队不管，吕氏就要没有立足之地了。"话一说完，吕媭就将家中珠宝、金银、玉石等全部丢在堂下，说“不必替其他人看守了”。

曹参的儿子，行御史大夫曹窋到吕产处汇报公事，恰逢郎中令贾寿从齐国回来，将灌婴和刘襄的密谋告知吕产。吕产心惊肉跳，只顾和贾寿商量对付之策，竟然忘了曹窋的存在。曹窋见大事紧急，当即跑去告诉周勃和陈平。

事情紧急，周勃当机立断，冒险进入北军大营，矫诏调动兵将；同时催促郦寄等人，加大游说力度，争取蒙骗出吕禄的将军印。陈平之计，一只手抓军事武装，另一只手抓政治诱降，如此一来，没有头脑的诸吕必死无疑。

在郦寄等人的地毯式政治灌输下，吕禄昏了头，竟双手呈上了相印和兵权。

周勃要弄矫诏，必须有皇帝的符节，而这掌节使者，正是忠心耿耿的襄平侯纪通。吕氏擅权，挟制君主，纪通早就对其恨之入骨，听说周勃需要符节调动北军以诛杀吕氏，纪通立刻呈上符节。周勃带上符节，风驰电掣般奔往北军大营。正奔行间，使者拦住周勃，将将军印交给他。周勃大喜过望，奔行更速，刚进军门，周勃大喊：“支持吕氏的，露出右臂；支持刘氏的，露出左臂。”

将士们都露出左臂，没一人露出右臂。吕氏家族，独木难支，孤掌难鸣，等着他们的只有一条死路。

周勃持将军印，统率北军，命刘章监管军门，绝不能让吕产进入未央宫。已经交出相印和兵权的吕禄，只是废物一个，不必搭理。周勃统领北军，只担忧吕产领军相攻。吕产缺乏智谋，但不乏勇猛，倘若他狗急跳墙，拼个鱼死网破，关中必然大乱。

果不出所料，宫门刚刚关闭，吕产就带领军士来到。吕产喊话，门内无人回应。宫门坚闭，吕产知道难以强攻进入。面对漆黑而冷漠的宫门，吕产踌躇不定，焦躁地来回踱步。军士见吕产如此无能，知道吕氏必败，于是军心开始涣散。

曹窋把吕产在宫门外徘徊的事告知周勃。周勃担心吕产势大，命刘章前往护卫皇帝。陈平和周勃允诺，灭了吕氏后，刘章和刘兴居两兄弟将分别担任赵王和梁王。

周勃给刘章的兵不多，只有一小队人。刘章年轻力胜，血气方刚，见吕产在宫门外游来荡去，便领着卫队直冲吕产大军。

吕产大败，刘章追击，狼狈不堪的吕产慌不择路，竟然藏到厕所里。刘章追及，抬脚踢开门，看见吕产正在瑟瑟发抖。刘章手起，吕产头落。

刘恒登基

刘章这个人，杀敌勇猛，也有野心。起初，刘章让齐王刘襄发兵，打的主意是：铲除吕氏，刘襄称帝。如今，吕产被诛，吕禄不足为惧，刘章的计划也就实现了大半，刘襄的皇位看来十拿九稳。

陈平和周勃许诺赵王之位给刘章，刘章也答应了，然而，一方是口头许诺，另一方是随口答应。政治的关键在于因势制宜，刘章和陈周二人联合，只因吕氏势大，担心斗不过。现在吕产被灭，刘章勇冠三军，他的心思不免悄悄地起了变化。

大败吕产之后，刘章独立城门，身后站满军士，颇有问鼎天下的气概。就在这高兴的时刻，刘弘小皇帝遣使持节，前来犒劳刘章，夸他诛贼功大。刘章听了使者之言，笑也不是，气也不是。见使者持节立在风中，刘章几乎是下意识地蹬腿远跳，欲抢符节。使者见刘章扑来，势如猛虎，劲风逼人，当即斜身矮肩，忙将符节紧紧抱在胸前。

符节乃是皇帝信物，见节如见皇帝本人，刘章公然抢夺，可见他心中已没有了皇帝。刘弘这孩子，久困宫中，不知形势变化，还认为刘章真是护卫功臣。他没想想，刘章拼命杀敌，终究为何。

刘章势如虎扑，一抢没中，也不好再抢。早晚都要见小皇帝刘弘，刘章于是顺水推舟，先卖个人情，随使者前去面见刘弘。

刘章这么做，首先是服从周勃的命令，前往护卫皇帝，在周勃处留了后路；其次，前往面见皇帝，倘若皇帝不被废除，他就是皇帝身前的红人，人人敬仰；最后，如果皇帝被废，他也能将此行说成是探听虚实，为废黜皇帝铺路。这么一件简简单单的小事，给自己带来那么多的好处，刘章想着脸上又开始堆满笑容。

一路上，刘章欣喜无比，如沐春风。他沿途招降众人，追随军士不下万人，声势显赫。刚进未央宫，刘章便立刻下令捆绑长乐卫尉吕更始，就地正法。

刘章春风满面地奔回北军大营，将一切详详细细地告知周勃，除了抢节。刘章不是傻子，当然不会说出扑身抢节之事。

刘章诛灭吕产，心腹之患被除，周勃十分高兴，说：“我们只害怕吕产，现在吕产被诛，天下就太平了。”周勃说天下太平，深层意思是天下掌握在他们手中。

吕产和吕禄被诛，诸吕不足为患，周勃便大开杀戒，命人抓捕吕氏族人。吕氏一门，从朝廷要员到地方小官，从堂中老人到窗下小儿，不论男女，一概问斩。

吕氏家族被诛，刘襄撤兵回齐国，灌婴领兵驻守，长安固若金汤，一切都在周勃和陈平的掌控之中。朝臣计议，觉得小皇帝刘弘是吕雉提携登基的，一致同意废除刘弘，另立新皇帝。

要立新皇帝，候选人不外乎在皇子和皇孙中。皇子辈中，只有默默无闻的代王刘恒和年幼的淮南王刘长；皇孙辈中，齐王刘襄一枝独秀，在众皇孙中就如鹤立鸡群。刘章有眼光，知道他哥哥刘襄在皇孙辈中的地位，于是提议立刘襄为新皇帝。

刘襄的封地有七十座富庶的城池，此次诛灭吕氏，他领兵驻守济南郡，虎视眈眈地凝视吕氏家族，威慑力很大。他二弟刘章挑战吕氏，诛杀吕产，除去吕氏家族中最厉害的武将，护卫未央宫，功劳不薄。他三弟刘兴居对诛灭吕氏家族的贡献也不小。陈平和周勃又答应将赵王和梁王之位送给刘章和刘兴居。刘襄外有精兵，内有刘章和刘兴居声援，不少人提议恭迎他入宫为帝。

少数大臣争论道：“正因为吕氏家族凶狠，才差点灭绝了刘氏宗庙，所以立皇帝要选母舅家族不凶狠的。齐王刘襄的母舅驷钧为人蛮横，凶狠得紧，不能立齐王。如果立齐王，恐怕会出现第二个吕氏家族。”刘泽是这种观点的极力鼓吹者。

刘泽被刘襄蒙骗扣留，地被抢，兵被夺，刘襄自然耿耿于怀。他嘴上说到长安为刘襄争取皇位，怀的却是一颗捣乱的心。朝臣提议立刘襄为帝，他第一个不同意，大肆鼓吹刘襄母家的坏处。刘氏宗族中，刘泽身份最尊，他持此议，朝臣不便执意迎立刘襄。

于是朝臣们只能用心寻找母家不恶的皇子，想到刘恒时，众人的眼睛陡然雪亮。刘恒的母亲薄姬不争强好胜，不拉帮结党，是位贤妻慈母。薄姬娘家早已破散，只剩一个弟弟薄昭。薄昭和薄姬一样安分守己。一句话，刘恒是位默默无闻的好皇子，他母亲是位默默无闻的好母亲，他母亲的娘家更是默默无闻的好娘家。

朝臣一致认为，代王刘恒是现存皇子辈中最仁和、最宽厚、最孝顺节俭的。刘恒品德合格，他外家的条件满分，全体朝臣一致同意立刘恒为新皇帝。

刘恒登基，后世称其为汉文帝。汉文帝仁爱宽厚，广行德政，开启了日后被称为“文景之治”的治世大门。

尉佗归附

秦朝灭亡后，尉佗吞并桂林、象郡，自立为南越王。刘邦称帝后，尉佗也没向刘邦称臣。

大汉初建，生产未复，民生凋敝，兵卒疲惫，难以再对南越用兵。不能用兵，只好招降，刘邦于是派陆贾出使南越，赐封尉佗为南越王。尉佗接受诏封，奉汉称臣。

吕后当朝，有人进谗恶意中伤南越，她竟然听信谗言，下令限制与南越贸易。

尉佗认为，长沙王国与南越相接，进谗中伤之事必是长沙王所为。长沙王中伤南越，必是怀有兼并南越之心。于是尉佗自号“南越武帝”，发军直取长沙，大军所向披靡，一连攻陷好几座城池。

刘恒登基后，尉佗称帝的事实让他心生不安。天无二日，地上也不能有两个皇帝。

尉佗称帝，虽令刘恒难以忍受，但刘恒没有发兵征讨尉佗。首先，他仁爱，不愿看见杀伤；其次，南越湿热蒸腾，瘴气横行，出军不利；再次，除了周勃和灌婴，汉朝并无大将，而周灌二人已年老，刘恒不想看见他们死于征战；最后，陆贾曾凭三寸不烂之舌，说服尉佗归附，刘恒想故技重施。

刘恒先是派人到真定，修缮尉佗宗族先人的坟墓，安置守灵官守灵；又派人寻访尉佗宗族的兄弟，提拔有能力者入朝为官，对其他人优礼相待。最后刘恒亲笔修书一封，命陆贾带信前往，善言劝导尉佗“去黄屋，毁大纛，北向称臣”。

刘恒使人散播消息，陆贾还没到南越，尉佗就听说朝廷修缮他真定先人的祖坟，置守灵官守灵，提拔他宗族兄弟为官，优礼善待其他宗族人员。听说陆贾奉汉朝之命，带信前来，尉佗出城迎接。陆贾教训过尉佗，尉佗知道陆贾厉害，对陆贾极为敬服。尉佗接过刘恒的信，除了礼节之词，信上大意如下。

你我之间的事是一场误会，全是吕雉从中作梗。吕雉死了，我给你宗族先人修坟，封你宗族兄弟为官，善待他们。你不要再侵犯长沙王了，一打两边都有死伤，对大家都不好。我保证，只要你承认我，北向称臣，高祖皇帝答应你什么，我照样给你什么。

陆贾对尉佗说，吕雉不是好人，因此刘恒将吕氏家族全诛了。刘恒仁爱厚道，怜惜朝臣，爱惜百姓，是个不可多得的好皇帝。汉朝发生那么多事，刘恒能活着下来当皇帝，那是天意，陆贾力劝尉佗北向称臣。陆贾以自身经历为例，证明吕雉之恶，刘恒之善，他说吕雉擅权时，他远离朝廷，躲避祸乱；待吕氏被诛，刘恒称帝，他才入世为官。

尉佗平素敬服陆贾，见陆贾如此称赞刘恒，他觉得刘恒不会言而无信。尉佗不想闹事，就回了一封同样言辞恳切的信给刘恒。尉佗像刘恒一样，将一切过错都推给了吕雉。

我尉佗是无辜的，这一切都是吕雉不同意高祖皇帝的贸易条件所引发的；只要继续贸易，我同意称臣。

陆贾出山，又一次说服尉佗归附，可以说是功劳不小。

第八章 文景之治稳江山

中行说投靠匈奴

汉文帝登基的第七年（前 173），长安的桃花、李花竟然在十月绽放。古人相信，天现异相，必有大事。接着，骄横乖戾的淮南王刘长造反，被擒后死在贬谪途中，刘恒悲痛伤怀。刘长绝食而死的伤心事还耿耿在胸，冒顿突然写了封信给刘恒。

前几年我匈奴右贤王侵犯贵境，致使两家突生嫌隙，很是不该。为了表示对右贤王的惩罚，我命他攻打月氏。天赐福，右贤王灭了月氏后，楼兰、乌孙等二十六国都归附匈奴，北方已被平定，全在我的掌控之中。匈奴希望和大汉再次和好。

冒顿这封信表面要求交好，实质是威胁。刘恒招朝臣商议对策。此时的大汉朝廷，真是朝中无人，军中无将，无奈之下全体同意和亲。

刘恒不喜欢打仗，朝臣倡议和亲，正中他下怀。

天不遂人愿，冒顿接到刘恒的和亲书信不久，寿终正寝。冒顿死后，他的儿子稽粥继位，号曰老上单于。新单于继位，汉朝要遣送一位和亲女子。

刘恒忙选翁主，翁主指远嫁匈奴的刘氏宗亲女儿。选好翁主，也选了位陪嫁品，这陪嫁品就是中行说。中行说不想去，被迫而行，他走时留下一句话：必我也，为汉患者。中行说的意思是，如果一定要我去，我必定作乱。

中行说说得出，做得到。刚到匈奴，中行说立刻投降老上单于。匈奴人对中原地区的了解不深，颇有畏惧之心。中行说头脑灵活能说会道，并自陈家底，告诉老上单于大汉朝中无人，军中无将，和亲之弊，逐渐得到了单于的偏爱。

当初娄敬提议和亲，说汉朝公主嫁给匈奴，能够说几句好话，使两家和好。他还说没有女婿欺负丈人，外孙殴打外公的道理。娄敬一定没想到，中行说成了汉朝的奸细。中行说大肆鼓动匈奴人脱离汉人物品，摆脱汉人思维，做真正的匈奴人。

中行说对老上单于说："匈奴人还没有汉朝一郡的人多，匈奴之所以强悍，胜过汉人，全因衣食不同。匈奴人所吃的能强身健体，汉人吃的只会使人萎靡不振。如果匈奴人贪图汉食口感好，全都喜好汉物，最终依赖汉物，汉朝只出十分之二的财物就能使匈奴人归附。汉人的衣服容易破，没有毡毯皮袍好；汉人的食物吃不饱，没有肉食充饥。"

匈奴人觉得中行说言之有理，渐渐放弃喜爱的汉物。

匈奴人不会计数，中行说就教匈奴人计数。中行说尽心尽力，倡导匈奴人使用自己的物品，不要用汉货，以免依赖汉人。他伶牙俐齿，深得匈奴人喜欢，就渐渐改变了匈奴人的想法和行为。

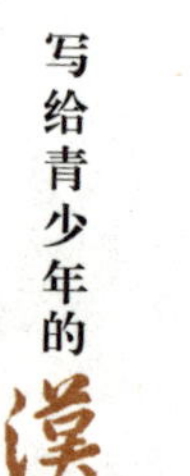

汉朝送给匈奴的所有东西，中行说让单于全部反送给汉朝，只将书简放大一倍，改"皇帝敬问匈奴大单于无恙"为"天地所生日月所置匈奴大单于敬问汉皇帝无恙"。

中行说一方面劝教匈奴人，力使匈奴人成为真正的匈奴人；另一方面同大汉使者辩论，灭汉人之气，扬匈奴威风。汉使者说匈奴人轻贱老弱，中行说反驳说，如果汉军出征，也会有老人送食给年轻的孩子，这和匈奴的惯例没本质区别。汉使说匈奴人子娶父亲的姬妾等行为不合礼法，中行说反驳说那是为了延续宗族后代。

中行说才思敏捷，无论汉使怎么说，他都能反驳，指出匈奴

人行事的好处，贬低汉人的行为。汉使还想再说，中行说威胁，说：“你将汉朝送的礼物给量足，否则大军南下，汉人危矣。”

周亚夫立威细柳营

晁错是颍川人，为人严峻、刚直、苛刻，一句话，他有法家代表所要求的品行。他曾经在张恢门下学习申不害和商鞅的思想，文章博学，任太常掌故。

晁错的性格和学识预示了他今后的命运，他是政治上的强硬派，愿为理想牺牲自我。

秦始皇焚书坑儒后，《尚书》之学将近灭绝。齐国有位叫伏生的人通晓《尚书》，伏生年出九十，不可征召，朝廷派晁错前往跟随学习。晁错学成归来，被升为太子舍人，封博士。刘恒见晁错才气蓬勃，便封他为太子刘启的属官。

老上单于听信中行说，不时派军侵扰汉朝边疆，军民难安。晁错上书陈述对策，此疏被称为《言兵事疏》。晁错指出，自汉朝以来，匈奴“小入则小利，大入则大利”，致使民不聊生。晁错从地形、兵将和兵器三方面分析汉朝和匈奴的同异，指出“以蛮夷攻蛮夷”之策，要求培养一支和匈奴的作战习性相同的军队。

刘恒很赞赏晁错的“以蛮夷攻蛮夷”之策，但并未采纳晁错主动出击的建议。晁错接着又向刘恒上了《守边劝农疏》，提出用经济措施鼓励移民，用移民实边的办法抵御匈奴，被刘恒所采纳。于是晁错又上《募民实塞疏》，对如何安置移民生活提出了具体的措施。

晁错之策实施没多久，单于就率十四万大军从朝那、萧关打到彭阳，一路侵掠，打砸抢毁，杀北地都尉，火烧回中，骁骑直逼甘泉。

甘泉与长安的直线距离约八十公里，轻骑一天可到，长安告急。刘恒命中尉周舍和郎中令张武领战车千乘、骑兵十万守在长安城外。刘恒打算御驾亲征，后经群臣和薄太后劝说，这才放弃亲征，改任东阳侯张相如为大将军，成侯董赤为内史，栾布为将军，出击匈奴。

汉军与匈奴交战一个多月，才将匈奴驱逐出塞。这是一场疲弱的、消耗生力军、考验供给的战争，一场战争打下来，两军各有损伤。这场战争将两军的弱点暴露无遗，匈奴兵少，汉军无将。

单于见汉军无将，日益骄横，采用扬长避短之法，集中优势兵力打游击战，什么时候想杀人就杀人，致使百姓死伤无数，云中和辽东两地最为惨重。而对刘恒而言，只要能维持现有的生活，什么都能忍受，这跟他修习黄老之学有很大关系。

后元二年（前 162），刘恒遣使者到匈奴再提和亲一事。匈奴同意和亲，汉朝每年照旧送礼物给匈奴。第二年，老上单于死，军臣单于继位。中行说紧抓良机，再次唆使匈奴。

军臣单于像他父亲一样听信中行说，于是经三年准备，军臣单于领兵六万，大举南下。匈奴兵分两路，一路直取上郡，另一路攻杀云中郡。匈奴兵一路抢掠，势不可当，长安再次告急。

汉朝分两头部署，先在北地、句注和飞狐口三地屯军，作为第一道屏障；派河内太守周亚夫驻守细柳，祝兹侯徐属驻守棘门，刘礼驻军霸上，三个驻军点攻守相助，全面抵御匈奴。

汉朝急急调兵遣将，忙得满头大汗。刘恒亲往霸上、棘门和细柳三地犒劳军士。

刘恒到霸上和棘门时，他的随行人员想干什么就干什么，想到哪里就到哪里，随意而为，毫无阻碍。行到细柳，刘恒的先遣使臣被挡在军营外。

先遣使臣说天子来了，守门军士笔挺而立，威严地说：“军中只知道有将军的命令，不接受天子的诏令。”刘恒随后来到，只见兵将肩披铠甲，身佩兵器，持弓搭箭，军容甚是威武，凛凛生风。刘恒派人持节前去告知周亚夫，说皇上来犒军，周亚夫才命人打开军门。

刘恒一行欲策马而入，守门军士立即说，将军规定，军中不能骑马奔驰。进入军营刘恒看见营内军士各守其位，肃然而立，甚是严整，刘恒按辔徐行，眼睛不离石像般的军士。周亚夫迎见刘恒，只作揖，不跪拜，说：“穿甲戴盔，不便下跪，以军礼代替。”刘恒当即换上严肃的面容，俯身凭轼，以表敬意。

当刘恒走出军营，展眼四眺，仿佛在看大汉的明天，他欣然说：“这才是真正的将军！霸上、棘门就像儿戏，他们的将军不被俘虏才怪。像周亚夫这样的将军，有谁能够侵犯！”巡视周亚夫的军营后，刘恒才知道什么是将军，什么是军队。

汉朝密布兵将，气势吓人。待汉军靠近边塞，匈奴又引兵远去。匈奴兵远去后，接着刘恒也死了。刘恒留下遗言：关于丧事，一切从俭，不要浪费；关于后事，去找周亚夫。

新皇登基，大赦天下。刘启和刘恒有很多相似之处，如宽政爱民，信奉黄老之学等。但刘启比刘恒更想有所作为，这是他们父子的一大区别。

七国之乱

窦婴，字王孙，窦太后的侄子。先帝刘恒在位时，窦婴是吴王刘濞的丞相。刘恒允许民间铸钱后，刘濞广招匪徒，开山铸钱，煮海为盐，很富有。窦婴担任丞相，那是很肥的职位，但没干多久，窦婴就称病退休了。

刘启登基称帝，窦婴掌管皇后和太子宫中事务。皇后无子，太子之位暂缺，太子宫中无事需要管理，窦婴就将全副精力放在皇太后和皇后宫中。

窦太后很喜爱小儿子梁王刘武。刘武的封地有四十多城，每座城池都很富有。窦太后喜爱刘武，刘启也喜爱他，便任他随意建造宫殿。

按汉朝规矩，诸侯王来朝，只能留十多天。窦太后和刘启喜欢刘武，因此刘武每年来朝时，能在长安行动自如，随意逗留，随时离去。

刘启此时尚未立太子，刘武被准许使用太子仪仗。做事的人无心，看见的人却有意。也许刘启没将刘武使用太子仪仗之事放在心上，窦太后却很欣慰，她一心想让刘武继承帝位。

前元三年（前 154），朝觐期间，刘启宴请众兄弟。喝得酒酣耳热之际，刘启说他死后要传位给刘武，窦太后听后，十分高兴。窦太后正在兴头上，窦婴突然倒一盆冷水在她头顶。窦婴站起来，敬刘启一杯酒，说："天下是高祖皇帝的天下，父子相传是惯例，这皇位不能传给梁王刘武。"

尽管窦婴是侄子，但好事被坏，窦太后还是从此记恨上了窦婴。窦婴以现任官卑职小为由，称病辞职，这正合窦太后心意。窦太后一不做，二不休，除了窦婴门籍，不许他朝见皇帝。窦婴走人，刘武继承帝位就少了一大阻力，窦太后想得倒是简单。

刘启登基后，智囊晁错一飞升天，由中大夫升为内史，为皇帝出谋划策，皇帝对晁错言听计从，遭到丞相申屠嘉的嫉妒。他以晁错擅自凿开宗庙围墙一事，奏请刘启诛杀晁错，刘启没有同意。

没杀成晁错，申屠嘉对长史说："我应该先斩后奏，先报告再斩，一定误事。"申屠嘉回府，越想越气，发病而死。申屠嘉死后，晁错独当一面，又提削藩一事，建议以强夺的方式削藩。

晁错得到刘启器重，公卿列侯们不敢反对晁错削藩。不过，窦婴却站出来坚决反对削藩。满朝文武都唯唯诺诺，无一人响应，窦婴孤掌难鸣。因为削藩，窦婴和晁错有了嫌隙。而此时，刘启下诏削藩，削藩行动正式开始了。

前元二年（前 155），晁错以楚王刘戊在为薄太后服丧期间饮酒作乐为由，请求诛杀。刘启赦免刘戊，削他东海郡。接着，晁错又借罪削赵王刘遂的常山郡，借胶西王刘印卖爵之罪，削刘印的六个县。

朝廷削刘戊、刘遂和刘印的封地后，吴王刘濞担心被削，准备举兵造反。刘濞命中大夫应高游说胶西王，说刘启任用奸臣，听信谗言，更改法令，擅削诸侯，越来越猛，吃完糠必然要吃米。胶西王害怕被削，问应高该怎么办。

应高回答："同恶相助，同好相留，同情相求，同欲相趋，同利相死。现在你和吴王同忧一事，何不趁此时机，捐躯为天下除害？"

胶西王很害怕，说宁愿死也不敢造反。

应高说："这全是御史大夫晁错蔽忠塞贤、惑乱皇上、侵夺诸侯，导致民怨四起，诸侯背叛。现在彗星出、蝗虫起，是成就千秋大业的良好时机。吴王跟随你内诛晁错，外安天下。凭大王的勇猛，驰骋天下，定然所向无敌。只要你一句话，吴王即刻率兵攻取函谷关，抢占荥阳敖仓的粮食，抵御朝廷，修葺房屋，等待大王。如果大王起兵，那么天下就有一半是你的。"

最终应高不辱使命，劝服了胶西王刘印起兵。

刘濞办事精细，他假扮吴使，亲见刘印，面谈相约。刘濞见刘印真有起兵之心，很高兴，回国即起兵。

刘濞这次造反，共约集了六位王，分别是：楚王、赵王、胶东王、菑川王、济南王和胶西王。七位封王一同造反，史称"七国之乱"。

江山稳固

刘濞刚约齐叛乱之国，朝廷就下旨削吴国的会稽和豫章两郡。刘濞便借此机会，诛杀汉吏两千石以下的所有官员，起兵攻向长安。刘濞以他六十二岁和他儿子十四岁为限，征召吴国十四岁至六十二岁的男性，共聚集二十多万人。

胶东王、胶西王、菑川王、济南王、楚王、赵王相继发兵西向，准备攻取长安。赵王遣使北上约匈奴出兵，吴王派人南下约闽越王、东瓯王出兵。大军如潮涌，长安似肥肉，刘启惊慌无措，急欲寻退兵之计。

七国齐声发难，旗号为：清君侧，诛晁错。当然，这不过是借口，刘濞等人的真正想法就是要夺取帝位。

眼看天下因削藩削得烽火再起，晁错的老父亲由颍川跑来见晁错，问道："皇帝刚刚继位，你当政用事，侵犯诸侯，离间骨肉之情，弄得怨言漫天，你究竟想干什么？"晁错的老父亲是明白人，他问晁错"究竟想干什么"，意在告诉晁错适可而止，因为只要活着，削藩就没有尽头。

"你说的都是实情，然而，如果不这样做，天子之位就会遭到威胁。"晁错回答很简单，只表达一句话：我愿为此舍身。

"为了刘氏安稳，我们晁氏就有灭门之祸，我将离你而去。"不久，晁错的父亲喝药而死，留下一句话：我不忍见祸害加身。

数天后，丞相、中尉和廷尉等高官一起弹劾晁错，说晁错削藩引发吴楚七国造反，还让刘启冒生命危险御驾亲征，晁错却留守长安。晁错大逆不道，为臣无礼，为人不义，该当腰斩，灭族，弃尸闹市。群臣弹劾晁错，晁错却毫不知情。

前元三年（前 154）正月二十九日，中尉传晁错上朝见刘启。

晁错身穿官服，对镜理装，穿着仍旧像平常一样严严整整。他随中尉坐车，即将上朝，认为刘启将与他共商大事。刚到长安闹市，晁错就被踢下车，刽子手大刀砍落，晁错的身体便由腰部断为两段。

晁错被斩后，刘启封袁盎为太常，封窦婴为大将军。长安城中的大夫们争相攀附袁盎和窦婴，每天都有几百辆车马跟随他俩。

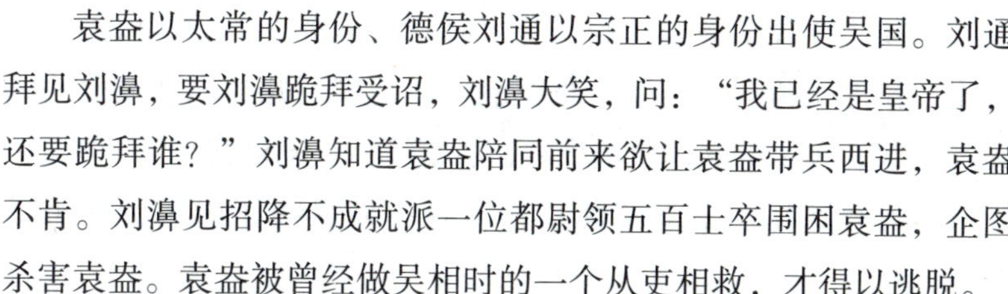

袁盎以太常的身份、德侯刘通以宗正的身份出使吴国。刘通拜见刘濞，要刘濞跪拜受诏，刘濞大笑，问：“我已经是皇帝了，还要跪拜谁？”刘濞知道袁盎陪同前来欲让袁盎带兵西进，袁盎不肯。刘濞见招降不成就派一位都尉领五百士卒围困袁盎，企图杀害袁盎。袁盎被曾经做吴相时的一个从吏相救，才得以逃脱。

袁盎回到长安后，将一切告知刘启。刘启方如大梦初醒，才知道七国诛杀晁错是假，抢夺帝位才是真。人死不能复生，刘启悲伤无用。面对抢夺皇位的敌人，刘启只能打硬仗，以周亚夫为太尉，发兵平叛。

此时的梁国被叛军轮番急攻已经快要守不住了，梁王刘武忙向周亚夫求援，周亚夫却坚守不出。梁王刘武见周亚夫不发兵解围，就上书状告周亚夫。刘启下诏命周亚夫解围救梁，周亚夫还是抗旨不发兵救梁，而是亲率骑兵断敌兵粮道。

吴楚联军攻得正急，突然传来周亚夫断绝了其粮道，眼见梁国难以攻陷，刘濞好生焦急。

刘濞下令移师直取周亚夫，雪断粮之辱。刘濞军行至下邑，正撞上迎面而来的周亚夫。吴军叫阵，周亚夫扎营坚守不出。吴军一连叫了十几日，周亚夫一直坚守不出。军粮匮乏，吴军不敢耽搁，当即采取明佯攻暗偷袭之计。

夜晚，吴军在东南方向大举进攻，周亚夫却调兵防守西北。吴军主力果然在西北，因周亚夫事先安排，吴军无法攻入。吴军缺乏军粮，闹饥荒，一部分饿死，另一部分反戈相向，追随刘濞的只剩下一小半人。周亚夫率军攻打刘濞，两军相交，刘濞大败而逃，楚王刘戊兵败自杀。

刘濞起兵，曾相约东瓯王，这次兵败，他想退守东瓯。刘濞派人以厚利贿赂东瓯王，东瓯王回复刘濞说，他愿意借军给刘濞。刘濞出城劳军，被东瓯王派人杀害，割下头颅，传报刘启。

刘濞一死，好消息纷至沓来。栾布击败胶东、胶西、济南和菑川四国，解救了齐国；胶东王、胶西王、济南王和菑川王兵败伏诛，齐王饮药自杀。栾布移军北上，匈奴闻知，撤回漠北。郦寄久攻赵王刘遂不下，栾布兵到，引水灌城，刘遂自杀。

一场七国乱，七王就此亡，汉景帝刘启的江山终于稳定下来了。

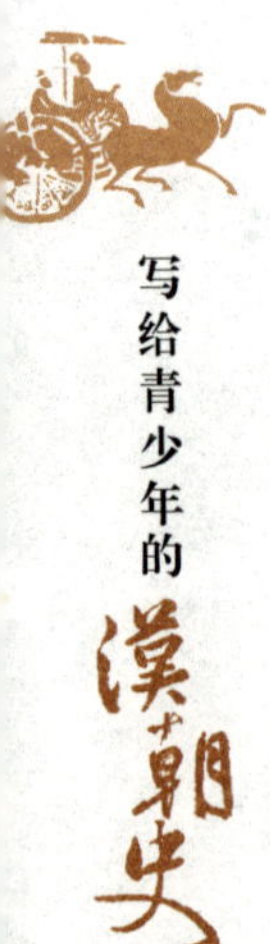

邓通潦倒而死

刘恒因梦见黄头郎助他登天，去寻找时发现邓通与梦中之人十分相似，因此对邓通十分宠幸，邓通对刘恒也是忠心耿耿。刘恒曾经生痈疽病，伤口专流脓血，非常恶心，恶臭难闻。为了表示对刘恒的忠心，邓通甘愿为刘恒吸吮溃烂处的脓血，刘恒心里过意不去，问天下谁最敬爱他。

刘恒如此问，多半是感激邓通如此相待，想借邓通之口说出邓通是天下最怜惜他的人。

邓通明白刘恒的意思，但他不敢直接回应，如果他说最怜惜刘恒的是自己，刘恒也许高兴，但太子刘启一定不高兴；如果他回答是太子，刘恒也许不高兴，但太子一定高兴。刘恒命不久矣可以得罪，但刘启是未来的皇帝，不能得罪。

邓通于是回答说：“自然是太子。”

邓通回说太子最怜惜刘恒，刘恒又高兴又失落。他脸色略显嗔怪之意，殊不知邓通这一句话，可是用心盘算，费了颇大的艰难才说出的。

不过，邓通算计得再多，却未能得到刘启的心。刘恒生了脓疮，作为儿子的太子刘启本应该为父亲吮吸脓血。可是脓血流淌，恶臭难闻，太子面有难色，但为了皇位他还是很恶心地吸吮了。

刘启锦衣玉食，平生没受一丁点折辱，吸吮脓血是人生第一大辱，如何不恨。太子派人打听，知道邓通经常给刘恒吸吮。刘启认定此事是邓通搞的鬼，从此就在心里恨上了邓通。邓通越想讨好刘启，刘启越不买账。

刘恒死后，刘启继位。邓通身无长物，因刘恒特许他有权铸钱，被免官后他就居家造钱。后来，有人告邓通将私自筑造的钱运到了国界外。朝廷马上逮捕邓通入狱，立案审查，罪证确凿，依据法律，没收邓通的全部家产后，邓通还欠朝廷几百万。从此邓通的好日子彻底结束了。

长公主很好心，赐钱给邓通。但长公主刚赐下，朝廷马上没收，邓通还是一贫如洗。不能赏钱，长公主就借衣食给邓通。刘启放任长公主接济邓通。邓通靠长公主的衣食维系生命，至死不名一文。

中卷

长风浩荡

第一章 汉武帝灭匈奴

不是亲家就是仇人

武帝刘彻是景帝的第十个儿子，在他之前，皇长子刘荣已被立为太子，皇位本来轮不到刘彻来坐，但是命运偏偏选中了他。

刘荣的母亲是栗姬，栗姬是个漂亮的美人，曾经很得景帝的宠爱，连着为景帝生了三个儿子。立下如此功劳，栗姬的地位自然越来越高，自薄皇后被废，景帝一直将皇后的位子空悬着。薄皇后多病，栗姬又宠冠后宫，此时后位似是非她莫属了。别人这样想，栗姬心下也暗暗期盼着。

可是她跟所有后宫女人一样，长着一颗“妒忌的心脏”。而且她这颗心脏，跳得特别猛，别人的都在怀里静静地伏着，唯有她的不甘寂寞，跳得砰砰直响，几里外都能听到。

栗姬怎么也想不明白，为什么景帝还要宠幸别的女人，他有了自己还不够吗？栗姬不该这么问的，因为皇帝不是普通人，后宫佳丽三千，要他把爱情投在栗姬一个人身上，根本不可能。

女人的青春总如樱花那样绚烂而短暂，即使青春永驻，再漂亮的脸蛋也有看腻的时候。景帝来栗姬这儿的次数越来越少了，很多时候栗姬只是纠结着双手，坐在床沿儿上发呆，有时候耳朵里响起景帝的脚步声，兴奋地碎步走出宫门，迎接她的却只有那空荡荡的天地。

栗姬的脾气越来越暴躁，一张俏脸总是绷得紧紧的，时刻准

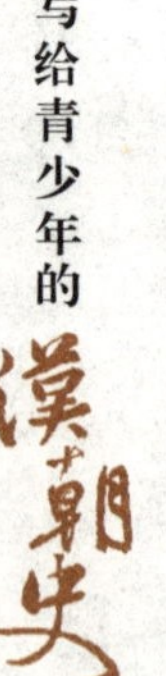

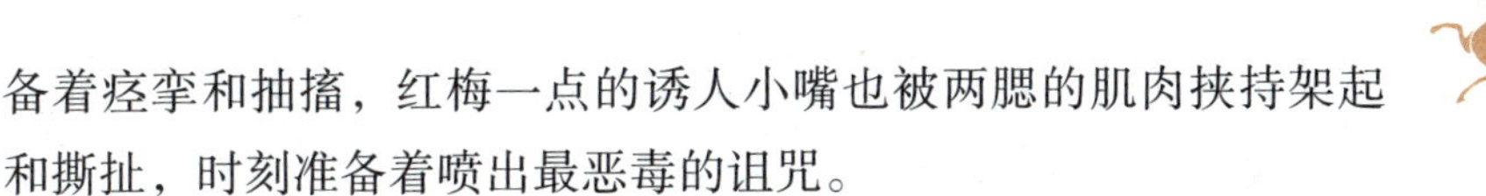

备着痉挛和抽搐，红梅一点的诱人小嘴也被两腮的肌肉挟持架起和撕扯，时刻准备着喷出最恶毒的诅咒。

栗姬恨景帝，但更恨长公主刘嫖，因为她不断地给景帝找女人，要不是她，后宫哪来这么些个狐狸精？！

刘嫖是何许人？她是窦太后的女儿，景帝一母同胞的亲姐姐。刘嫖生在帝王家，可谓既富且贵，衣食无忧，然而她生性贪婪，总是想得到更多。谁能满足长公主的贪欲呢？恐怕只有她的弟弟，当今天子。总而言之，刘嫖为景帝进献了许多美女，景帝也越来越离不开刘嫖，常常给她大量的赏赐。

刘嫖是个“有远见”的贪婪家，不仅要自己生前富贵，还要她的子子孙孙接着富贵下去。刘嫖嫁给世袭堂邑侯陈武，跟他生了一个女儿陈阿娇。男权社会里，女人的命运取决于她婚前的父兄和婚后的丈夫，若阿娇将来嫁给一个列侯，此后自然是离皇帝越来越远，恐怕再难见到未央宫檐角上升起的红日。

要干就干一票大的。刘嫖打算亲上加亲，她将目光投向了自己的侄子——当朝太子刘荣，若阿娇嫁给他，将来岂非要做皇后？婚姻讲究“父母之命”，刘嫖立马动身，入宫去向栗姬提亲。

她这一路上脚步很快，裙角始终扬在身后，未曾落地。大概“保媒拉纤”这一类事，刘嫖在日夜锤炼下已是熟能生巧、得心应手，她从未想过失败的可能。刘嫖的自信是有道理的。她想，以她长公主的身份，以她刘嫖今时今日在宫廷内外的能量，栗姬肯定会欢天喜地地接受这门亲事，如此一来，刘荣的太子之位将会更加巩固，母以子贵，栗姬封后也是指日可待、手到擒来。

然而她没想到的是，栗姬和自己根本不是一路人。在栗姬身上，女人嫉妒的情感淹没了“准皇后”的政治算计，栗姬积蓄已久的怒火爆发了，竟然将亲事一口回绝。被拒绝的仇恨的火苗在刘嫖心里烧了起来。刚开始火苗很微弱，只是对栗姬的不解与怨恨。慢慢地，它获得了源源不断的燃料——与未来太后的交恶对这位长公主意味着什么呢？当母亲窦太后和当今天子相继下世，自己将毫无遮掩地暴露在栗姬那疯狂而狠毒的目光之下，到时候谁会来为自己说一句话？

火苗烧得越来越高，温度却越来越低，泛出蓝幽幽的光来，跳跃窜动，如同毒蛇吐信。信子的方向对准了政治上极度幼稚的栗姬和她最大的倚靠，当今太子——刘荣。

武帝继位

要扳倒栗姬和太子，并非易事，刘嫖还需要助手。

可能是听到了红日入怀的传言，刘嫖对一个女人的心机和手段都佩服得五体投地。不错，她的帮手就是武帝刘彻之母王娡。

据传刘彻出生时不叫刘彻，而是叫刘彘。

刘彘幼时不仅可爱，而且从头到脚透着一股机灵劲儿。他一天到晚调皮捣蛋，与姑姑刘嫖的女儿、表姐陈阿娇玩个不亦乐乎。

刘嫖抱刘彘坐在自己腿上，指着自己的爱女说道："把阿娇送给你当老婆好不好？"刘彘拍手叫道："要是阿娇做我的老婆，我就盖一座金屋给她住。"

通过把阿娇许给刘彘，刘嫖与王娡的手紧紧握在了一起。王娡不像栗姬那样不识抬举，她那灵敏的鼻子很快嗅出了阴谋的味道。她太明白与刘嫖结亲的重要性了，她要抓住这个机会，皇后的宝座就在眼前。

丈母娘为女婿说话乃是天经地义的事。刘嫖就常常在景帝耳边吹风，说刘彘如何的聪明健壮，如何的可爱伶俐。刘嫖所言，景帝心里是有数的，否则怎会在刘彘七岁时，为他改名为通彻、透彻之"彻"？只是，废立太子乃是国之大事，景帝还要仔细想想。

栗姬拒绝了刘嫖的亲事，已算是"撕破脸皮"，可是她并没有对付刘嫖的后续手段，也不曾在夜里睁着放光的双眼，窥伺对付她的时机。栗姬也许并没有想要把刘嫖怎么样，她的拒婚很可能只是一种情绪的发泄。

刘嫖却不一样，得罪将来太后的恐惧逼得她只能“先下手为强”。刘嫖对景帝说，栗姬与你所宠爱的那些妃子聚会，总是让她手下的侍者在她们背后诅咒、吐口水，以巫术害人。景帝虽然心里不快，但栗姬毕竟是太子的生母，还要观察观察，所以没有发作。

景帝的身体一向不好。有一次景帝生病，大概病得很重，重得以为自己快死了。所谓鸟之将死，其言也哀。人之将死，其言也善。他召见栗姬，体虚气弱地开始托付后事：“我死之后，那些孩子就交给你了，你要好好对待他们。”

没想到，“栗姬怒，不肯应，言不逊”。

栗姬已经被嫉妒折磨得有些发狂。景帝的意思非常明显，栗姬已经是事实上的皇后。栗姬却对此毫无反应，一口回绝了景帝。

病人最需要温暖的安慰，哪怕是欺骗。景帝心里那软软的一处被栗姬的恶言恶语“痛快”地碾碎了，此时他不再是那个托付后事的温情丈夫，彼此间的气氛迅速由“融合”转化为“对抗”。也许是因为心里有愧，又或许是因为病得不再有力气吵架，景帝选择了沉默。但沉默不等于平静，新账旧账叠在一起，景帝的愤怒如地火在下面潜伏奔流着，一旦寻着地壳的缝隙，就要喷薄而出。

有一天朝会，大行奏事完毕，接着向景帝进言道：“‘子以母贵，母以子贵’，现在太子的母亲栗姬还没有封号，应该立她为皇后。”景帝大怒道，这事哪轮到你来多嘴！命卫士将大行拉出去砍了。其实在古代君主制下，君王的家事就是国事，立太子立皇后等大事更不在话下，既为国事，大臣如何不可参议？

景帝所谓“哪轮到你来多嘴”，不过是因为大行所言触到了景帝的逆鳞——景帝对栗姬已经死心，怎会立她为后？而一旦大行的建议被采纳，最终的得益人是栗姬，景帝遂以为大行背后是栗姬在指使。于是他废刘荣太子之位，把其贬为临江王，又把栗姬打入冷宫。栗姬见不到皇帝的面，想解释也没有机会，于是憋闷忧愤而死。

刘荣被废、栗姬被打入冷宫后，景帝封王娡为皇后，王娡所生的刘彻（刘彘）也被立为太子。

后元三年（前 141），汉景帝病故，刘彻即位，是为武帝，尊祖母窦漪房为太皇太后，母亲王娡为皇太后。此时，武帝年仅十六岁。

马邑之围

自高祖刘邦被围白登山之后，汉朝对匈奴一直采用和亲政策，摆出臣服的姿态。到了武帝的时候，国家富强，海内安定，有了与匈奴较量的资本，况且武帝本就是个不甘心雌伏的铁血人物，于是他开始重新勾画汉匈的关系。对匈奴，到底是该战还是该和呢？

建元六年（前 135），匈奴主动请求和亲。这是武帝首次经手对匈奴事务，他没什么经验，所以“下议群臣”。

百官分为两派，一派是主战，另一派是主和。

主战代表人物是时任大行的王恢，而主和代表人物则是在平定七国之乱时立过大功的宿将韩安国。韩安国认为，匈奴人不讲信义，所以我们不能出兵，就算我们将它击败，也很难控制，而且他们的土地不适宜耕种，得到了又有什么价值；况且派军出关千里去作战，胜负难料，败多胜少，强弩之极，矢不能穿缟素，冲风之末，力不能起鸿毛，就是这个道理。所以不如同意他们的请求，与之和亲。

韩安国的说法得到了众人的赞同，于是武帝批准了和亲。可是这不是武帝内心的想法。

两年后（前 133），王恢再次主张出战，于是再次引发“战争与和平”的辩论。

王恢的老对手韩安国老调重弹，他说："匈奴人来去如风，'居处无常，难得而制'，我们贸然长驱直入，到了匈奴人的苦寒之地，粮草不济，人困马乏，怎么能胜？这不就是兵法上说的'以军遗敌人，令其虏获也'吗？"

王恢等的就是韩安国这句话，于是将事情原原本本地讲了。原来，王恢并非这次出击匈奴的首倡者。首倡者是雁门马邑的豪强聂壹，他向王恢献计，朝廷可事先在马邑附近埋下人马，然后自己去做奸细，亲身前往匈奴，引军臣单于率军前来，等匈奴大军一到，就可以将其一网打尽。

武帝听了王恢的陈述，眼睛放出的光刺得韩安国眼睛生疼，于是韩安国知道自己不该再坚持下去了。果然，武帝以卫尉李广为骁骑将军、太仆公孙贺为轻车将军、大行王恢为将屯将军、太中大夫李息为材官将军，而御史大夫韩安国则为护军将军，总领各路人马共三十余万，设伏马邑。

军队出发之后的几天，相信武帝都是彻夜未眠的，既有几分害怕，但更多的则是兴奋。

聂壹"逃"至匈奴，见到了军臣单于，说他可以入马邑斩杀其长官，率城投降，将财物全部献给单于。这是送上门来的买卖，单于听得食指大动，于是率十万大军出发，入雁门武州塞。

匈奴人一路掳掠，行至马邑外百余里时，单于心里忽起不安之感，他定睛看去，只见茫茫苍野，只有零星牛羊觅草而食，人影儿却不见半个，于是疑窦大生，改变路径，舍马邑而取武州。武州尉史为匈奴所得，惊惧下将汉朝的伏击计划和盘托出，单于大惊，立即发令撤退。

又惊又怕之下，匈奴人总算安然退到了长城之外，可算是有惊无险，军臣单于仰头看了看头上湛蓝的天空，终于松了一口气："吾得尉史，乃天也！"于是拜尉史为"天王"。

其实，这一切都在汉朝的监视之下，汉军追到了长城，也就停下不追了。而负责袭击匈奴辎重的王恢也擅自罢兵，不敢追击。

武帝对王恢所为非常的失望和生气。王恢为自己辩解道："当初约定好了，匈奴兵一入马邑城，我军就与之交战，然后臣所率部队就袭其辎重，断其后路，如此才十拿九稳。现在匈奴人没到马邑就返身而回，显然是识破了我们的埋伏，臣的手下只有三万人，在敌人有准备的情况下贸然出击，必定惨败而回绝无幸理。我知道这样做回来只是死路一条，但这是为了替陛下保留三万精兵啊。"

武帝派廷尉审理此案。廷尉认为王恢"观望曲行避敌，当斩"。王恢于是向丞相武安侯田蚡行贿，请他向武帝求情。精明的田蚡当然不会在这时候触武帝的霉头，于是转而告诉太后，通过太后把话带给武帝。

武帝听了暗暗冷笑：主张出击的是你王恢，如今听了你的话，发动几十万大军布这个局，即使单于逃脱，但只要你王恢当机立断，击其辎重所在，不一定一无所得，至少不会让匈奴人走得那么潇洒。现在不杀你，天下人会怎样看待朕，看待朝廷？

于是王恢的脑袋落了地，算是给天下人一个交代。

守势转为攻势

经马邑一事，汉匈之间已然撕破了脸皮，基本上再没有握手言和的可能。剩下的只有一件事：杀！元光六年（前129），匈奴人突袭上谷郡，烧杀抢掠而回。

武帝决定给匈奴人一个教训，于是组织了四路万人骑兵出击匈奴：车骑将军卫青出上谷郡，骑将军公孙敖出代郡，轻车将军公孙贺出云中，骁骑将军李广出雁门。

卫青长驱直入，追击匈奴人直到"龙城"，斩获首虏七百余级。卫青建此奇功，武帝封他为关内侯。其余三路人马就没有卫青那么幸运了。

公孙贺在茫茫大漠里战天斗地去了，愣是没遇着一个匈奴人，自己当然也没什么损失，可谓不赔不赚；他的本家公孙敖就惨了，公孙敖与匈奴交战，折损了七千人马；而老将李广的境况更是不堪，全军覆没不说，自己也被匈奴人俘虏，好在最后李广还是逃回了汉朝。

公孙敖与李广损失惨重，按律当诛，赎为庶人。

虽然只有卫青一路兵马一枝独秀，但此次出兵仍可算是一个难得的胜利。

匈奴人遭龙城之辱，当然不肯罢休，这年秋天就回抢汉人作为报复，汉地各边郡中，以渔阳损失最为惨重。武帝遂派韩安国主持渔阳军政。

韩安国在渔阳捉到一个匈奴俘虏，从他口中得知匈奴大军早已经回到了漠北。韩安国放心之余，给武帝上书，说渔阳只留七百人就可以了，剩下的人可以回家务农，因现在正是农忙时节。武帝批准。

刚刚过了一个月，匈奴人的军队再次杀到。韩安国手上只有七百人，根本无法抵挡。幸亏最后关头，燕兵来救，否则韩安国未能安国就先要以身殉国了。

武帝派卫青、李息两人各率大军分别出雁门、代郡反击，斩杀千余人，大获全胜，打击了匈奴人的嚣张气焰。

渔阳失守，韩安国心里闷闷不乐，遂上书武帝请求调回长安。武帝这次没有同意，因为他得到匈奴将要再次进犯的消息，于是将韩安国调到右北平戍守。韩安国这时已经老了，旧伤加心病，不久就吐血而亡。

右北平不能一日无将。于是此前“赎为庶人”的飞将军李广再次得到武帝的启用，这次他没让武帝失望，有他在右北平一日，匈奴人便不敢进犯。匈奴人是怕李广，但天下只有一个李广，而且这个李广是个凡人，并没有分身术。于是上谷郡和渔阳又重新遭到了匈奴人的袭扰。

元朔二年（前 127）武帝复遣卫青、李息率军出征，两人一路打到陇西，破掉匈奴楼烦、白羊王两部，斩首数千，得牛羊数百万。这是开国以来，汉朝对匈奴取得的最大胜利。消息传来，举国振奋。更为重要的是，此次出击，汉朝得到了“河南”。此“河南”不是今天的河南，其地在今内蒙古黄河以南。“河南”土地肥沃，且有黄河天险作为屏障，战略位置非常重要。此前，长安与匈奴不过隔着一道长城，取了“河南”地后，匈奴对长安的威胁大大减弱，而汉朝对匈奴亦从守势转为攻势。所以，此役之重要，可算是汉匈战争的转折点。

匈奴未灭不言家

在战场上，要想活命，首先就得不要命，“狭路相逢勇者胜”，在普遍运用冷兵器的古代尤其是这样。霍去病就是“不要命”人物里一个典型的代表。“匈奴未灭，何以家为”，这句掷地有声的豪言，曾激荡起多少代做着英雄梦的少年的热血。

霍去病与武帝有一种特殊的缘分，这不单单是指他的姨母卫子夫做了武帝的皇后，更是因为他出生的那一年，恰恰也是武帝登基的那一年。

霍去病长到十八岁时，已是一个威武健壮的少年，无论是骑马打猎还是舞刀弄枪，他都是一学就会，一会就精。

元朔六年（前 123），匈奴又来犯边。武帝遂遣大将军卫青率李广、苏建等六将军出定襄，击匈奴。这一次，年纪轻轻的霍去病也随军出征。他被舅舅卫青带在身边，做了卫青的骠姚校尉，手下率领精挑细选的八百个骑士，都是勇武擅骑射的人物。

卫青率大军两次出击，共斩杀匈奴一万九千余人。但汉军也有伤亡，苏建所率部队全军覆没，昔日归降汉朝的原匈奴小王赵信被匈奴诱降。不过霍去病却在战场上有了惊人的表现。他率领手下的八百骑士，偏离大部队，在黄沙滚滚的大漠里狂奔数百里偷袭匈奴，斩杀敌人共两千零二十八人，其中就有匈奴单于的祖父，更俘虏了单于的叔叔和匈奴的国相。

所谓“千军易得一将难求”，虽然苏建的全军覆没和赵信的投降都让武帝颇为心痛，但霍去病的横空出世却让武帝看到了汉军下一代的希望和寄托，他慷慨地封霍去病为“冠军侯”，食邑两千五百户。所谓“冠军”，就是勇冠三军的意思。

元狩二年（前121）春，武帝又派霍去病出征。霍去病再次孤军深入，他率着一万骑兵千里奔袭，冲出了焉支山。那里是匈奴休屠王的领地，霍去病与匈奴部队相遇，斩杀了折兰王、卢侯王等匈奴显贵，更获首虏八千九百余级，还得到了休屠王祭天用的金人。这年夏天，霍去病与老将公孙敖再次出击，两人各带一万人马。由于匈奴人被汉朝打得不断西迁、北迁，因此霍去病与公孙敖都是越追越远，他们奔袭两千余里，在祁连山附近杀匈奴兵三万余人，俘虏了七十余个小王以下的匈奴贵族。

这次战争之后，匈奴单于对浑邪王、休屠王的损失非常生气，想要杀他们泄愤。消息走漏，浑邪王和休屠王于是出逃降汉，把队伍带到了汉匈边境。武帝害怕此二人是诈降，其目的是趁机犯边，所以派霍去病率兵迎降。这时候休屠王突然反悔，想要回到匈奴，浑邪王于是趁机将他杀了，又收了他的人马，这时候霍去病刚好渡河赶到。浑邪王的手下见到霍去病来了，大多都不愿意投降汉朝，于是返身北逃的不在少数，浑邪王无法制止。霍去病便率军驰入浑邪王军中，见着逃跑的挥刀就砍，就这样，在杀了八千多人之后，终于没有人敢再逃了。由于这一次的功劳，武帝又增加了霍去病一千七百户的食邑。

赵信投降匈奴后，为匈奴单于分析了汉匈之间的实力对比。他告诉单于说，汉地广大，人口众多，社会富庶，而匈奴则恰恰相反，与之争胜，不可能有好结果；此前伊稚斜单于一直奉行与汉朝硬碰硬的战争策略，结果在战场上屡屡失败，付出了惨重代价。赵信的话可谓是一语惊醒梦中人，所以此后匈奴对汉策略恢复到以前那种来去如风的抢掠，一击不中立马退回大漠深处，不与汉军纠缠。当时，为了避免汉军的远袭，匈奴人向北逃得更远了。

元狩四年（前 119），匈奴人入右北平、定襄，杀掠数千人后远遁大漠。武帝决定报复匈奴人，给他们一次致命打击，遂令卫青、霍去病各领五万骑兵远征匈奴。不光如此，还从民间私募了战马近四万匹，而负责接应的步兵和为军队转运粮饷的人加起来竟达数十万。这是武帝发动对匈战争以来的最大手笔。不过武帝显然更看好霍去病，因为配给霍去病的骑兵都是“敢力战深入之士”，想来其装备也要优于卫青部。

卫青部出定襄，远走千余里后与伊稚斜亲统部队相遇于黄沙之中，两军列阵相持。当天傍晚，大风毫无征兆地猛刮起来，一时间黄沙漫天，伸手不见五指，匈奴人阵脚大乱。卫青则分出两股部队从左右包抄单于，匈奴大败，单于在数百匈奴勇士的护佑下从西北角遁逃。卫青发轻骑急追，整整一夜衔尾不放，但终无所得。是役，汉军向北追杀至阗颜山赵信城而还，共斩杀匈奴共一万九千余人。

而霍去病的五万大军在沙漠里纵横驰奔，终于在两千里外与匈奴左贤王相遇。霍去病凭着卓越的指挥能力和果敢的进取精神，将匈奴人杀得大败，获王级以上匈奴人共有三人，其余将军、相国等共八十三人，得首虏七万零四百四十三级，更在狼居胥山封禅而还，这是史无前例的大胜利。自此，匈奴彻底被打散了，再也无法凝聚成有效的力量与汉朝对峙抗衡了。武帝加给霍去病五千八百户食邑，以嘉奖他的盖世功劳。

经过卫青、霍去病的连连打击，匈奴人不断向北迁徙，以躲避汉军的追击，自此以后，匈奴人再也不能像以前那样对汉朝造成威胁了。

刘安叛乱失败而终

刘安，是高祖刘邦的孙子，淮南王刘长的儿子。

武帝登基之初，由于他“崇儒抑老”的新政推行得太过急切，引起了好黄老之道的祖母窦太后的不满。这时候的武帝根基不稳，非常危险，连他的心腹、母舅田蚡都采取了骑墙观望的姿态。田蚡对刘安说：“现在皇上还没有儿子，王爷您是高皇帝的孙子，您的仁义道德天下莫不称赞。一旦皇上有个三长两短的，那么继承皇位的舍您其谁呢？”刘安听后非常高兴，对田蚡大加赏赐。

没过几年，田蚡死了。刘安失去了在朝廷的眼线和助力。但造反计划还在按着步骤进行，并没有丝毫懈怠。就在这时，发生了一个意外。

刘安的儿子刘迁好武，自幼习剑，总认为天下已经没有敌手。刘安的宾客中有一位天下闻名的剑客名为雷被。刘迁技痒难耐，总想跟雷被一较高下。但雷被深明官场之道，所以总是拒绝刘迁的比武。但刘迁死缠烂打，无奈之下，雷被只好同意比试。

刀剑无眼，雷被一不小心，就刺了刘迁一剑。大失面子的刘迁从此就把雷被记在心里了。

雷被知道自己的处境很危险，于是总想找机会离开淮南。正逢武帝征召天下勇士抗击匈奴，雷被于是向刘安请辞，说要北上参军。害怕谋反消息走漏出去的刘安当然不同意，不光如此，他还封锁整个淮南国，不许任何人离开。

雷被不顾一切逃到长安，向武帝告状。但雷被告的不是刘安，而是刘迁，他告的也不是刘安谋反，而是刘迁阻止自己投军报国——他认为刘安拒绝自己参军都是刘迁在背后搞鬼。

武帝于是让人将刘迁拘捕到长安来审讯。消息下达到地方，寿春县县丞却上书武帝，说因交通不便，不如在当地提审刘迁。这县丞大概是被刘安收买了。可是朝廷派来审查刘安的淮南国相却坚持要把刘迁送入长安。刘安哪里肯同意？于是搜罗罪证，一纸状书将国相告到朝廷。武帝使廷尉将国相拘到长安受审。到了廷尉署的国相，首先就报告了刘安准备造反的诸多迹象。武帝于是派了一个“中尉宏”去淮南巡查。

刘安早就收到消息，等到中尉宏来到淮南，他立马好酒好菜地伺候着，于是中尉宏随随便便地在淮南逛了一圈，转身就回长安复命去了。事情好像已经得到了解决，但是实情远远比这要复杂得多。朝上百官认定了刘安造反，想要把他法办。武帝于是下诏削掉刘安的两个封县。

这下彻底激怒了刘安，他决定立马造反。

刘安有个孙子叫刘建，是刘安长子也是庶子的刘不害所生。太子刘迁是嫡子，深得刘安的喜欢，刘不害则相反，刘安一见到他就添堵，心里不舒服。刘迁看着刘不害也不自觉地皱起眉头，因此一有机会就要欺负刘不害。刘不害早已经习惯了逆来顺受，也就无所谓了。但是他的儿子刘建看不下去了，于是把刘安造反的事情告到了长安。

刘安无奈下只好与衡山王刘赐联合起兵。仓促之下造反岂能成功？不久刘安就在绝望中自杀了，而他的家人也都遭到了灭族的下场。

第二章 巫蛊之案祸国

越走越远的两父子

太子刘据是武帝二十九岁时才得的长子，也是唯一的嫡子，曾一度受到武帝的宠爱。刘据刚一出生，武帝就命人为他写《皇太子赋》一文，欣喜之情溢于言表。七岁时，刘据被立为太子，武帝又建了博望苑，让他在里面与宾客往来，又找来天下的名儒向他传授《公羊春秋》和《穀梁春秋》。

刘据长大后，为人恭谨仁恕，这本是好事，可是武帝是一个大有作为的雄主，温良的刘据实在不对他的胃口。况且卫子夫老了，武帝再不能像以前那样对她感兴趣了，而新受宠的王夫人和李夫人都为武帝生了男孩。于是卫子夫母子两个渐渐失了宠，心中生出了不安之意。

武帝察觉了他们的心思，就对卫青说："汉家庶事草创，加四夷侵陵中国，朕不变更制度，后世无法；不出师征伐，天下不安；为此者不得不劳民。若后世又如朕所为，是袭亡秦之迹也。太子敦重好静，比能安天下，不使朕忧。欲求守文之主，安有贤于太子乎？闻皇后与太子有不安之意，岂有之邪？可以意晓之。"卫青听了叩首拜谢。卫子夫听说这件事后，也向武帝脱簪谢罪。

武帝在乎太子怎么想，却不直接告诉他，而是通过军功赫赫的卫青来安抚他，足见武帝这时候还是非常爱护刘据的。

太子是将来的皇帝，他的身边自然会聚集一批人。《资治通鉴》上说，“群臣宽厚长者皆附太子”。武帝骨子里是一个极端专制的人，他不能容忍自己的权力被别人瓜分，所以他扶植底层出身的文法吏，让他们以法令绳墨贵族和豪强，乃是要打击贵族和豪强，把权力从贵族私门中收归自己手上。

太子宽厚，他反对武帝的严刑峻法，于是每有判狱，太子多为其平反。这是堵住了文法吏立功的门路，所以太子虽得到了百姓的爱戴，却得罪了这些文法酷吏。这时候的武帝已经老了，身体一天比一天差，人也越来越多疑，他长期住在甘泉宫里不出来，皇后和太子难得见他一面，这就给这些人在父子俩之间制造裂痕和对抗留下了空间。

武帝晚年宠爱的一个宦官叫苏文，他也是“深酷用法者”的一党。有一次太子入宫探望皇后，半天才从宫里出来。苏文就向武帝“告密”说：“太子在皇后宫中调戏宫女。”武帝于是将太子宫里的宫女增加到二百人。卫皇后听说这件事，就让刘据向武帝禀明实情，请求诛杀苏文。刘据说：“清者自清，我何必怕这种小人的污蔑？更何况父皇英明，不会相信这些谗言，母后无须忧虑。”

常融是苏文手下的小太监。有一次武帝病了，派他去召见太子。常融回来报告说，太子听了皇上身体违和，面有喜色。武帝冷笑，没有说话。等到太子来了，武帝发现太子脸上挂有泪痕，可是当着武帝的面仍然强颜欢笑。武帝这才发觉常融的挑拨，于是将他处死。

由此可见，“深酷用法者”的毒计手段是一波接着一波的。而刘据对武帝的信心也太过了，所谓众口铄金，积毁销骨，若连皇帝的面都见不到，长此以往，即使他对武帝有信心，武帝对他也没信心了。

卫家是因卫子夫得宠而发迹。卫家有美女，别人家就没有吗？李家就出了一个李夫人。

不过李夫人红颜薄命，产后不久就病死了。因她被武帝宠爱，

她的哥哥李延年封为协律都尉，李广利也做了贰师将军。卫青死后，对匈作战都由李广利来主持，李广利的影响越来越大。

李夫人之后还有钩弋夫人。

钩弋夫人入宫后非常受宠，受封为婕妤。两年后，武帝宝刀未老，钩弋夫人诞下麟儿。这里又有一件奇事，这位皇子弗陵在钩弋夫人的肚子里“徘徊”了足足有十四个月才出生。尧的母亲也是怀孕十四个月才把他生下来。武帝认为弗陵的出生跟尧很像，非常高兴，于是就赐名钩弋夫人所居为“尧母门”。

武帝一生做事全凭自己的喜好，也许赐名“尧母门”不过是一时冲动，但这也的确是武帝的一个大失误。这些年来皇后卫子夫、太子刘据连见他一面都难，而他偏偏在这个时刻弄出一个“尧母门”，下边的人会怎么想呢？也许最尴尬的就是刘据吧，他已做了几十年的太子，谁想到人到中年突然多了一个“尧”皇弟？

武帝与太子政见不合，而李广利的受宠，钩弋夫人得封“尧母”，在他人看来都是太子将要垮台的信号。从此以后，宫里的左右佞幸更不把刘据放在眼里了。

小人江充

公孙贺，字子叔，北地义渠人。其祖父公孙昆邪，在景帝时曾为陇西太守，因率军平定吴楚七国之乱有功，被封为平曲侯。

汉武帝时一改先代的和亲政策，发动了持续几十年的对匈战争，于是公孙贺有了用武之地，他在卫青手下，三次参与重大战役，七任将军，两次封侯，为武帝一朝抗击匈奴的著名将领。

公孙贺娶了卫子夫、卫青的姐姐卫君孺为妻，因此算得上是以太子刘据为中心的“卫家圈子”里的一分子。

太初二年（前 103），丞相石庆死在任上，武帝意欲让公孙贺接任。升任丞相，按常理本是好事，公孙贺的反应却很奇怪。

"初，贺引拜丞相，不受印绶，顿首涕泣。"

这一年的公孙贺大约有五十岁了，古人的寿命远较我们短，所以公孙贺是实实在在的一个老人了。他泪流满面地跪在地上，同样不再年轻的武帝垂首看着他，这里就有一种触动人心的老人独有的暮年悲凉。武帝哭了，左右也陪着哭。

但对于为政者来说，这小小的情绪波动不过是一个小浪花，武帝很快"醒"过来了，要求左右扶起公孙贺。公孙贺还是磕头如捣蒜，不肯起身，武帝不管他，起身走了。公孙贺只能对着悬在头顶的印绶发呆——这个丞相他是做定了。

别人问他为什么如此，公孙贺说："皇上贤明，我却是愚鲁的人，怎么能追上他的思路和步子？当了丞相，责任更大，我此后危险了！"

征和元年（前 92）夏，时在建章宫的武帝看见一个男子佩剑走入龙华门。武帝认为这是刺客，就命人去捉他。男子把剑扔掉，跑了起来，转瞬不见。武帝于是命人大搜建章宫，结果还是找不到。武帝遂"以为奸鬼为祟，疑为巫蛊"。

公孙贺的儿子叫公孙敬声，他是卫君孺所出，他的姨母就是皇后卫子夫。公孙贺是由太仆升任丞相的，他做了丞相，太仆的位子就由公孙敬声补上，父子俩同时做了公卿，一时尊荣无比。公孙敬声是个贪财之人，他挪用了北军一千九百万的军费，被人告发，按罪当诛。

公孙贺向来溺爱公孙敬声，为了救儿子，他上书武帝，说要捉拿在逃的阳陵大侠朱安世，以此来赎儿子的罪过。武帝应允。

公孙贺果然把朱安世抓捕在案。两人本无仇怨，公孙贺以丞相之尊，倾全国之力来抓朱安世，只是为了给儿子赎罪，于是没有仇怨也有了仇怨。朱安世大笑说："丞相要灭族了！我要说出来的事情，即使砍尽南山的竹子也不够书刻。"于是朱安世在狱中上书武帝，告发公孙敬声与阳石公主通奸，又说他们行巫蛊诅咒武帝，巫蛊所用的木偶就埋在甘泉宫的驰道旁边。

武帝派人一查，果然都如朱安世所言。于是将公孙贺捉拿下狱，并灭了他一族，连同阳石、诸邑两位公主，以及卫青的长子、长平侯卫伉也一同株连砍头。

阳石公主、诸邑公主都是卫子夫所生。这一次巫蛊大屠杀对卫家是一个不小的打击。武帝连自己的女儿也杀了，太子刘据不会对此无动于衷，他必会想，父亲很可能已经把矛头指向了自己。

治公孙贺家族巫蛊案的人是江充。

江充本名江齐，是赵地邯郸人。江充以“直指绣衣使者”之职，“督三辅盗贼，禁查逾侈”。“三辅”指的就是京畿重地，“督三辅盗贼”就是缉拿不法分子，保卫京师安全。“逾侈”之“侈”就是“奢侈”，“逾”就是“逾制”，也就是“过分”，“越过了自己的本分”。比方说，身为臣子，出行时却排出天子才能有的排场，坐了天子才能坐的车，这就是“越过了自己的本分”，也就是“逾制”。

驰道是专为皇帝铺设，只供皇帝专用的。很多王公贵族都想在这个“皇帝专用”的御道上跑一跑。于是这里就成了禁逾侈的绣衣使者江充长期“蹲守”的地方。有许多骄奢中长大的贵族青年“误入”驰道，江充自然要重办他们。于是这些人都向武帝交纳赎金，希望能够从轻发落。

由于连年征讨匈奴，当时的国库已经是十去其九，这些“赎金”对武帝来说可谓雪中送炭。当然，武帝不会把那些“逾侈”的贵族子弟当作送炭人，他心目中的送炭人是江充。于是江充日益受宠。

江充越来越“正直”，越来越“不畏强权”，也因此越来越受武帝的宠幸，因果相生，他于是也更加“正直”、更加“不畏强权”起来。这时候他需要一个强有力的对手，来突显自己的“功绩”。

这个对手就是太子刘据。

刘据的使者“误入”驰道，江充毫不客气地扣下了其车马。刘据闻讯后，立即赶到江充这里向他道歉。太子或许不知道，他这种示弱的姿态真是应了那句“长他人志气，灭自己威风”。江充嘿然冷笑，转身就把这事上奏武帝。

“人臣当如是矣。”武帝的褒奖毫不吝啬。其实，这也是江充自保的手段——做都做了，索性把事情闹大，闹得直达天听，这样就算太子怀恨在心，也只能闷在肚里，因为任何对抗性的行动都会被武帝视作报复。

江充是小人，太子刘据却是个仁厚君子，所以江充这样做就叫作“以小人之心度君子之腹”。江充得罪了这位未来的皇帝，料想将来必定不会有好下场，于是他决定先发制人。

血流成河

有一天武帝午睡，梦见无数小木人拿着木棒劈头盖脸地向他打过来，他想躲却无处可躲，想醒又怎么都醒不过来。好不容易醒来时，已是一身冷汗，连衣服都湿透了。自此，武帝的身体一天不如一天，记性也越来越差。

江充趁机进言，说这是因为虽把公孙贺灭族，可是仍有人在暗中以巫蛊诅咒皇帝，他又找来胡巫檀何望气。檀何仰头看天好一会儿说：“宫中有蛊气，不消灭这蛊气，皇上的身体不会好转。”还没享受够权力富贵的武帝只能点头。江充于是主动请缨，说要大搜巫蛊。武帝准奏，又派按道侯韩说、御史章赣和曾经诬告太子的苏文等人做江充的助手。

江充的目标是太子，可是他非常聪明，没有直奔主题，而是先从宫里被冷落的妃嫔居处入手——这些人被武帝冷落，心中少不了怨恨。果然一路斩获颇丰，搜出不少偶人。有人大喊冤枉，江充却冷笑森森。

这一次，他搜得更加理直气壮了，终于搜到了皇后和太子的居所。江充掘地三尺，原本富丽堂皇的宫殿霎时变得千疮百孔，

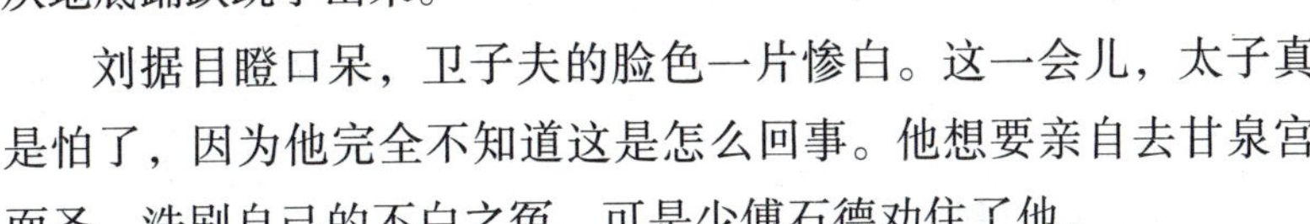

泥坑满地，连放床的地方都没有了，而木偶们一个个十分配合地从地底踊跃跳了出来。

刘据目瞪口呆，卫子夫的脸色一片惨白。这一会儿，太子真是怕了，因为他完全不知道这是怎么回事。他想要亲自去甘泉宫面圣，洗刷自己的不白之冤，可是少傅石德劝住了他。

石德问太子有多久没见到皇帝了，刘据愕然以对，说不出话。石德说：“皇上恐怕已经不在甘泉宫，就算仍在，江充等人逼得这么急，岂会给我们辩白的机会，你难道忘了秦朝太子扶苏的旧事了吗？”

太子想起了自己的姨父、前丞相公孙贺，又想起了表哥卫伉，于是发了狠，派人假冒使者矫诏拘捕江充，江充的副手韩说不肯受诏，“使者”遂砍了他的脑袋。太子又与母亲卫皇后商量，打开武库，将兵器分发给侍卫，全城戒严，搜查涉嫌巫蛊之人，并诏告百官：江充谋反。缚手缚脚的江充狼狈地跪在刘据面前，再无半点此前的嚣张气焰。刘据亲手砍了江充，又把江充身边的胡巫聚到上林苑中活活烧死。

苏文侥幸活了下来，他跑到甘泉宫向武帝报告说太子杀死江充，谋反了。武帝不信，他认为太子仁厚老实，一定是江充逼人太甚，太子才有此激烈的行为，于是命使者召太子前来。这使者大概也是苏文一伙，他不敢面见太子，半路就跑了回来，言之凿凿地说，太子确实反了。

至此父子俩失去了最后的沟通机会。武帝的怒火砰地一下蹿了起来，“刘屈氂在干什么！”病中的武帝大喝。

原来，公孙贺死后，武帝任用了名声不太好的中山靖王刘胜之子刘屈氂填补相位。

刘屈氂是个没有主意的人，他听闻城中惊变，吓得连夜跑出长安城，连丞相的印绶都丢在家里。他派自己的属官长史前来向武帝报告，长史向武帝说：“丞相想封锁消息，暂时还没发兵。”武帝更加生气：“现在除了死人，天下没有一个人不知道这事的，还保什么密？丞相没有周公的气度，周公难道没杀掉弟弟管叔和蔡叔吗？”于是下诏给刘屈氂：“捕斩反者，自有赏罚。以牛车为橹，毋接短兵，多杀伤士众！紧闭城门，毋令反者得出！”而后走出甘泉宫，亲自到建章宫督战，又征调三辅的兵，命二千石以下的官员都归刘屈氂调遣。

刘据这时已经没有退路，只能一条道走到底。他诏令百官，说皇帝病在甘泉宫，久已没有消息，恐怕已遭不测，现在是江充等奸臣想要作乱，又命少傅石德和宾客张光放出长安城监狱里的所有囚犯，发给他们武器，准备跟城外大军打下去。

不久，太子兵败，慌乱中逃往长安南门。戍守南门的是丞相的属官司直田仁。田仁是田叔的儿子，他认为武帝和刘据终归是父子，就没有过分地逼迫太子，于是太子得以逃出生天。

刘据带着两个儿子逃到湖县，躲在泉鸠里的一个人家里。这家人非常穷困，主人靠贩卖草鞋为生，刘据三人的到来，无疑给主人家增加了不小的负担。刘据想起自己在这附近有一个有钱的朋友，就让人去通知他说自己在这儿，以求得到接济。可是这个有钱的朋友却让太子失望了，因为不久就有了官吏前来围捕，消息只可能是这位有钱的朋友放出去的。

门外的脚步声砰砰响起，每一下都像是踩在刘据的心上。突然间，他摆脱焦虑，平静了下来。昨日是享尽荣光的太子，今天是惶惶如丧家之犬的囚犯，一切都是命，没什么好怨的。

厮杀声响了一会儿，卖鞋的主人终于不支战死。这个没有留下名字的人是真正的英雄，因为他无愧于“义”这个字。

当山阳人张富昌踢开穷人家的破烂的木门之时，悬在梁上的刘据和两个皇孙已经断气多时，张富昌顿时愣住了，不知如何是好。张富昌的身后是新安令史李寿，他推开张富昌，把刘据解了下来。刘据的身体是软的，面容也很安详，这年刘据只有 37 岁。

轮台罪己诏

刘据死了，年老的武帝也奄奄一息。

满朝文武，看着武帝一路杀过去，早就双腿筛糠，牙关打战了，哪敢说一句话？这时候又出来一个不怕死的，此人即是田千秋。

田千秋上书说，儿子盗了父亲的兵，挨了一顿鞭子也就罢了，皇帝的儿子为求自保而过失杀人，那也没什么大不了的；这话不是臣说的，而是昨晚一个白头老翁托梦告诉我的。武帝对刘据的死早有悔意，此时田千秋算是给了武帝下台的台阶。于是武帝召见了千秋，擢升他为大鸿胪，几个月后又拜为丞相，这般升迁速度可算是古往今来官员升迁的奇迹。

既然太子是被冤枉的，那么是谁冤枉了他呢？于是那些在征讨太子过程中立下功劳，荣享富贵的人纷纷被武帝诛杀，宦官苏文更是在渭桥上被活活烧死。巫蛊之祸到此终于告一段落。

在巫蛊之祸全面爆发之前，由于武帝对匈奴的频繁征伐，平时用度又奢侈，还喜好四处巡幸封禅，国库早已空虚，再加上天灾不断，国内时有起义爆发。可是武帝师心自用，一意孤行，并不反省。

在经过了巫蛊之祸的恐怖、杀戮、狂乱，经历了老来丧子的悲痛，又经历李广利的投降背叛，武帝的志气消磨了。岁月无情流逝，如今只剩下一个发白体衰的老者。

武帝拜田千秋为相的同时，封他为富民侯。“富民”二字，显示了武帝心态和政策方向的变化。

征和四年（前89），桑弘羊上书武帝，建议在轮台戍兵垦田，以防备匈奴。武帝驳回了他的奏疏，说：“轮台在车师以西千余里，以前我们派兵征讨车师，虽然侥幸取得胜利，迫使他屈服，可是路途太远，士兵返回途中无法带够足够多的粮食，所以多有老弱病残者死在途中，再也回不来了。如今又要在轮台戍兵垦田，压榨民力，这不是爱护百姓的举措，我不能同意。”

武帝接着又反省了自己这些年的穷兵黩武和访仙求道，“朕即位以来，所为狂悖，使天下愁苦，不可追悔。自今事有伤害百姓，靡费天下者，悉罢之”。所有这些加在一起就是著名的《轮台罪己诏》。

武帝开了“罪己诏”之先河，在这篇诏书的数千字背后，是一个老者筋疲力尽的心。

发布《罪己诏》后，汉朝的政策重新回到了汉初的“休养生息”上来，缓和了国内的矛盾，几年之后，国家重新繁荣富庶起来。因此司马光说武帝“有亡秦之失而免亡秦之祸”。

这里值得一说的是田千秋。“无他才能，又无伐阅之劳”，这是史书对他的评价。其实有无才能本不重要，重要的是他对时局是否有有益的影响。武帝晚年启用田千秋，就是要恢复与民休息的政策，而田千秋的“守静无为”，恰好符合了武帝的要求。

这年武帝七十岁了，渐渐地有了将死的预感。武帝看中了年仅七岁的刘弗陵，他聪颖乖巧，甚得武帝欢心。可是刘弗陵太小了，难以承担皇帝重任，武帝于是任命霍光、上官桀、金日磾为顾命大臣，辅佐幼帝。

刘弗陵的生母钩弋夫人，这年刚刚二十出头，武帝认为他死后，钩弋夫人定然守不住寂寞，会秽乱后宫，且子幼母壮，极易重蹈吕氏专权的旧辙。武帝即位之初，深苦祖母窦氏和母亲王氏的掣肘，至今仍是刻骨铭心，难以忘怀，于是他就将钩弋夫人赐死。不久，武帝也病殁了。

武帝殁后，刘弗陵在霍光等的辅助下登基称帝，第二年改元始元，是为昭帝。

小人自有小人谋

江充的妹妹能歌善舞，江充就把她进献给了赵王太子刘丹，江充因此做了赵王刘彭祖的宾客，终日与刘丹厮混。慢慢地，江充发现，刘丹秽乱赵王后宫，并与自己的同胞姐姐通奸。

时间一久，嫌隙渐生，刘丹怀疑江充将自己的隐私告诉给了父亲刘彭祖，就派人去捉他，却让江充跑了。刘丹惊怒之下，就杀了江充的父兄。江充逃入长安，上书朝廷告发刘丹的乱伦秽行，还说他结交地方上的奸猾，为祸一方。武帝闻之大怒，立即派兵逮捕刘丹，并判其死罪。

这时候，赵王刘彭祖上书说："江充不过是一个在逃的小吏，他奸诈无常，此次上书激怒皇上不过是为了报私怨，就算把他烹了，也没什么可惜的。我愿意挑选赵地的勇士从军出征匈奴，在战场上冒死尽忠，用以为太子刘丹赎罪。"经赵王这一劝说，武帝才赦免了刘丹的死罪，可是也不能再让其做赵太子了。

经此一事，江充受到了武帝的重视，武帝认为他不畏强权，于是把他招来。江充本来英俊貌美、体高健壮，他为了见武帝，又特地带上高冠，披上羽毛。果然，性格夸饰猎奇的武帝一下子对他"惊为天人"，心里喜欢得不得了，还赞叹说，燕赵之地果然多有奇人。

武帝有意栽培，就以时政考校江充，江充对答如流，武帝心里更加高兴。这时江充提出一个很奇怪的要求，说要出使匈奴。武帝就问他要用什么办法对付匈奴人。江充只以一个满不在乎的"随机应变"来应付武帝，大有孙武子的气度。武帝非常满意，于是拜江充为谒者，遣他出使匈奴。

一年后，江充从匈奴载誉归来。武帝拜他为水衡都尉，不久又升他为"直指绣衣使者"。

第三章 霍光辅政

霍光掌权

昭帝年幼，朝堂上真正掌权的乃是霍光。

霍光是名将骠骑将军霍去病的同父异母兄弟，十几岁时跟随哥哥霍去病来到京城。在霍去病的保举下，霍光入朝做了郎官，后升为诸曹侍中，参谋军事。

皇帝很快就注意到这个忠厚可靠、端正严谨的年轻人，并逐渐重用他。两年之后，霍去病去世时，汉武帝已经封霍光做了奉车都尉，享受光禄大夫待遇，“出则奉车，入侍左右”，以负责保卫汉武帝的安全。

霍光为人小心，可谓滴水不漏。后元元年（前88），汉武帝已经年逾古稀。一日，武帝将霍光找进皇宫，给了霍光一张《周公背成王朝诸侯图》。图画的含义，直指古代周公曾背着小周成王临朝，会见诸侯，继承大统，最终辅佐年幼成王成就帝业的故事。汉武帝的用意很明显，就是要霍光将来要像周公辅成王一样来辅佐幼主刘弗陵。

霍光临危授命，自然感到责任重大。一方面，霍光要负责辅佐少主，不能够让他犯下大的错误；另一方面，霍光还需要治理国家，维持旧帝驾崩、新帝继位之时天下的稳定，尤其要防止一些心怀不轨而又拥有反对当朝的实力的人或者家族。

汉代特别注重天人合一的思想，如果天降祥云，上至皇帝、

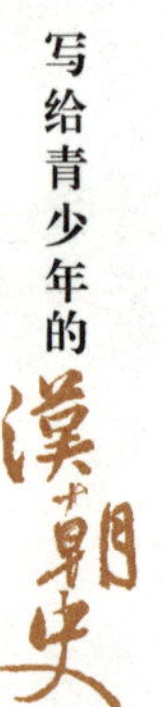

下到百姓，都会以为国家幸甚、皇帝有道，未来一片光明；但如是天降异象，则普天之下都会认为，一定是皇帝治国不当，灾祸将生。恰好这一天，天上出现了不一般的怪异现象，百姓纷纷议论，连群臣百官也对此惶恐不安，如此下去，宫中定然会出现祸端，霍光当机立断，马上召见保管皇印的郎官，要郎官把皇印交出来由自己保管，以防不测。但是，这位郎官十分忠于职守，皇印乃代表着天子号令，霍光此举，不得不让郎官担心他有图谋不轨之心，遂不肯把皇印交给霍光。霍光眼见此人竟然如此迂腐，便决定强夺皇印，哪知这郎官也是一个狠角色，他见势不妙，遂手握剑柄，按住皇印，对霍光说："头可断，血可流，要皇印绝不可能。"

霍光一怒之下，当即转身离开，心中不禁暗想，自己位居第一辅政大臣，对皇室的忠心天地可鉴，此人不过一个小小的郎官，竟敢违抗自己。但是事后，霍光觉得，在当时的情况下，换了自己，也不可能将皇印献出，从这个层面讲，郎官非但无过，反而有功。第二天，霍光就下令给这个郎官连升两级。霍光这种不计私怨、秉公办事、赏罚分明为朝廷的精神，受到朝中官员的敬佩，威望日渐提高。

霍光公正严明，即使是对与自己交厚或者亲近的人，也一点都不例外。当时除了霍光，还有车骑将军金日磾、左将军上官桀、御史大夫桑弘羊三人，都是朝中的辅政大臣。其中，尤其以金日磾和霍光关系最好。昭帝继位第二年，金日磾因病逝世，留下两个儿子金赏、金建。他俩和汉昭帝是一起长大的好朋友，霍光也比较喜欢这两个人。汉昭帝遂决定，用自己、霍光与他们的私人感情来照顾他们，封这二人为侯。

按规矩，长子金赏继承了其父亲的爵位，次子金建就不能再封侯了。于是，霍光直接对皇帝提出反对意见。而皇帝认为自己是天子，封侯拜将不过是小事一件，不需要考虑什么规矩。

这时，霍光性格中刚性的一面便显露出来，他正色道："臣和金氏家族相熟，陛下和他二兄弟亲厚，然而臣知晓，不能以私废公，否则就会遭到天下人的诟病。此外，无功者不能封侯，此乃高祖皇帝立下的规矩，皇上虽然贵为九五之尊，也不可以因为一己之私，而擅自废黜规矩，否则，天下定会大乱。”皇帝闻言，感到霍光一片赤诚之心，遂罢了封侯之事。霍光遂乘机教导皇帝道：“百姓至今还在想念着汉文帝、汉景帝以及先帝，每逢清明时节，很多人都在家中将其奉若神明似的祭拜。”汉昭帝不大明白，好奇地问道：“何以百姓会如此爱戴他们呢？”霍光欣然一笑，拱手说道：“因为他们爱民如子，对百姓之事，从不推脱责任，他们驾鹤西去，百姓自然会心有不舍。”于是，皇帝心中暗自决定自己也要励精图治，和前面的各位皇帝一样，成为受万民景仰的皇帝。

在霍光的提议下，二人遂联合商议出四条安抚百姓的措施：第一，查办失职的官员；第二，要各郡县推荐贤良的人才；第三，为受诬陷的人申冤；第四，安抚孤独疾苦的贫民。为了发展农业生产，每当春耕时，霍光就派人到各地去查看生产情况，政府会把种子和粮食贷给缺粮少子的贫民。秋天还下诏：“往年灾害多，今年蚕、麦伤，所振贷种、食勿收责，毋令民出今年田租。”“比岁不登，民匮于食，流庸未尽还，往时令民共出马，其止勿出。诸给中都官者，且减之。”昭帝为了改革吏治，选拔任用有才德的人，下令：“三辅、太常举贤良各二人，郡国文学高第各一人。赐中二千石以下至吏、民爵，各有差。”

拥立汉宣帝

元平元年（前 74）四月，汉昭帝驾崩，享年二十一岁。

霍光在处理好昭帝丧葬事宜之前，便开始着手选拔新君。昭帝并无子嗣，他死后，朝中许多大臣都主张立昭帝同父异母的哥

哥广陵王刘胥为帝。但是霍光知道，因为刘胥品行不端，汉武帝才未立他为帝。现在由自己辅政，反而选立一个失德的皇帝，怎么对得起死去的汉武帝呢？霍光只得再冒得罪许多大臣的风险，另选立继承人。

他和皇太后商量，迎立汉武帝之孙昌邑王刘贺为帝。刘贺却是个不争气的人，刚即位就做了很多荒唐事。霍光甚为为难，这个皇帝是在他的主持下册立的，刘贺如此贻误社稷，让霍光感到既对不起武帝的托孤之恩，亦对不起先帝的贤明名声。

霍光找来好友，当朝大司农田延年商量定议。田延年对霍光说道："大将军乃国之中流砥柱，既然已知昌邑王不配做君王，不如禀报太后把他废掉，另选一个贤明之人当君主好了。你应该向商朝的伊尹学习，做一个安定汉室社稷的重臣。"

霍光见此，心中已经有了定议，只是担心单单凭借他二人之势，不免会落人口实，霍光对于政治从来都是谨小慎微，他怕田延年的意见不合礼法，最终还是选择和其他两个重要大臣商量。其实，在大家的心目中，对于刘贺的胡作非为，都已经产生了不满，于是，众大臣一致决定要废掉这个无道昏君。霍光和群臣一起去见太后，陈述废掉昌邑王刘贺的理由，太后也同意了众臣的意见。于是只当了二十七天皇帝的昌邑王就被废黜了。

昌邑王被废黜，皇位又空了出来。光禄大夫丙吉上书霍光，推荐寄存在民间的汉武帝的曾孙刘病已。刘病已，后改名为刘询，是武帝太子刘据的孙子。出生数月，即逢刘据巫蛊事件，后刘询被祖母史家收养，一直居住在民间。

霍光亦对刘询做了一段时间的考察，发现此人心怀仁慈、志向远大，遂携同大臣将他从民间迎入宫中，先封为阳武侯。霍光将此事禀报皇太后，接着就把他拥立为皇帝，他就是有名的贤君汉宣帝。

汉宣帝于元平元年（前 74）继位，时年十八岁。第二年改年号为本始。由于刘询幼年遭遇变故，长期生活在民间，因此对百姓的疾苦和吏治得失有所了解，这对他的施政有直接影响。刘询即位之初，委政于霍光。

宣帝刘询由霍光拥立，为了表彰霍光的拥立之功，宣帝对其大为嘉奖。此后，霍光便忠心耿耿地辅佐年轻的宣帝，为其献计纳策，以求君主圣明。汉宣帝在他的辅佐下，继续遵照“与民休息”的方针来制定政策，处理国事，使西汉王朝再次兴盛，史称昭宣中兴。这段时期西汉王朝能够再次兴盛，与重臣霍光二十多年的忠君辅政不无关系。霍光对汉室忠心赤胆，且知人善任，做事果断，是个颇具智慧的谋略家。他上任后调整了武帝末年赋税无度的政策，与民休息，缓和了朝廷与百姓的矛盾，所以汉代的经济出现了又一个发展时期。

地节二年（前 68），霍光病逝。汉宣帝和皇太后感念其为汉室立下的汗马功劳，以极其隆重的礼仪亲自为霍光主持丧礼。死后的霍光被埋葬在茂陵汉武帝陵墓的旁边，这体现了汉室对这位忠心辅政、安定社稷的重臣的尊崇。

霍光虽已死去，但他身后却留下了一个足以颠覆朝廷的家族。

剪灭霍家势力

宣帝能够成为西汉中兴之君，自然有其非比寻常之处，他虽然身在民间，但对于皇朝内部的事情，却了若指掌。十八年来，他一直在史家的教育下，不断成长着，他要的只是一个机会。可是在宣帝刚刚登基的时候，朝政仍牢牢地控制在霍光手中，霍光的至亲和助手控制着禁军，他的儿子霍禹和侄孙霍山是朝廷的领袖。所以宣帝选择暂避其锋锐，对霍氏采取怀柔拉拢的手段。

据传，当时刘询观察宫中局势，了解到自己很有可能会被推上皇帝宝座，然而他最担心的就是自己将来会成为一个傀儡，沦为霍家独掌大权的工具，因此，他娶许平君为妻，以防霍氏一门外戚权力的进一步扩大。许平君之父曾一度侍候武帝，后来又被委派到废帝刘贺的昌邑国任职。

在昭帝死前不久，许平君为宣帝生一子，他就是后来的元帝刘奭。宣帝刚即位，围绕皇后大位的问题，就出现了许多争议。大多数人都赞成霍光的一个女儿应当被挑选出来，承继皇后大位、母仪天下。但皇帝坚决不同意，一来是为了防止霍家权力进一步扩大；二来，他和许平君是结发妻子，感情深厚，不忍让她受委屈。因此，宣帝刘询坚持立许平君为后。宣帝把握时机，下了一道莫名其妙的诏书，声言自己在贫微之时曾经有一把旧剑，现在自己十分想念它，希望众位爱卿为他将其找回来。

“旧剑”其实是暗指许平君。群臣揣摩上意，开始一个个请立许平君为皇后。许平君于元平元年（前 74）十一月被册立为皇后。这就是故剑情深的典故。

本始三年（前 71），许平君怀孕时生病。霍光的夫人为了让自己的女儿当上皇后，与御用女医淳于衍相勾结在汤药中加入附子，让许平君服用。许平君不久毒发，在痛苦中死去。汉宣帝非常悲痛，追封她为恭哀皇后，葬于杜陵南园。一年后，霍光之女霍成君如愿以偿成为皇后。

此后，宣帝便一直韬光养晦，暗中积蓄实力，霍家的人却日渐嚣张。例如，霍光死后，他随葬的陈设和服饰，如玉衣等，都是只有皇帝才能用的。在霍光的葬礼上，霍氏一门的族人行为傲慢无礼，大肆铺张，炫耀他们认为自己已掌握得非常牢固的权力。不知不觉之间，宣帝仅存的对于霍光拥立自己为帝的感激之心，在霍氏一门族人的嚣张跋扈之中，消磨殆尽。

在霍光死后，皇帝开始培植自己的势力，最为典型的就是：将张安世任命为尚书令，任命当时最干练的魏相为相，任命丙吉为御史大夫，又委以他的岳父平恩侯许广汉以重任，逐渐把权力收归己手。

地节三年（前 67），汉宣帝册立与许平君在民间所生的刘奭为太子。霍光的夫人霍显非常恼怒，甚至“恚怒不食，呕血”，并授意霍成君伺机毒杀刘奭。宣帝为了防止太子重蹈其母亲的覆辙，遂让太子的老师先试菜验毒，所以霍成君几次下手均未成功。

霍光虽为大汉立下汗马功劳，但霍家人却不知惜福，日益骄横，不将任何人放在眼里。霍氏一门族人虽然身居高位，却不知为官之道，“朝请”时却“数称病私出”，“朝谒”也叫“苍头奴”代劳，最后连其家奴都狗仗人势，竟因与人争道而入御史府踢大门，还动不动就扬言“县官（指汉宣帝）非我家将军（指霍光）不得至此”。

贵为天子的刘询已经“是可忍，孰不可忍”了。

首先，宣帝解除了霍光两个女婿东宫、西宫卫尉的职务，剥夺了他们掌管的禁卫军权，这样，就将保卫自己的势力紧紧地攥在了自己的手中。

其次，宣帝将霍光的两个侄女婿调离了中郎将和骑都尉的职位，让自己的亲信担任南北军和羽林郎的统帅，继而把兵权掌握在自己手中。如此一来，霍家要是有什么动作，宣帝也可以用武力镇压。

再次，宣帝提拔霍光的儿子霍禹为大司马，明升暗降，实际上是剥夺了他的实权，其右将军屯兵的权力从此付诸流水。

最后，宣帝为了将霍山、霍云领尚书事的职务架空，还大力改革上书制度，下令吏民上书，可直接呈皇帝审阅，不必经过尚书。

此时，霍家掌握的权力几乎已被宣帝剥夺殆尽，特别是军权汉宣帝已逐渐集中在自己的手中。霍家人这才明白，这个皇帝绝不是个头脑简单的人，接着再想到宣帝对许平君的深情，及霍家将其谋害的事实，几个知情人就感到不寒而栗。惶恐不安之下，霍家最终决定铤而走险，举行叛乱，推翻汉宣帝，保住他们的既得利益。

他们设计了两次阴谋，一次是谋害丞相，另一次是废黜皇帝而以霍禹代替。但是阴谋却泄露了，因此霍家发动政变不仅没有达到既定的目标，还遭受了灭门之祸。参加叛乱的人都被处以极刑。

自此，在西汉朝廷中盘踞了十几年的霍家势力一举覆灭，汉宣帝最终确立了他的绝对统治。

党争不断

刘奭八岁就被立为太子，生活条件优越，是一朵长在大树下的小花，与刘询这根早年流浪在民间的劲草大不相同。环境能塑造人，刘询早年生活艰苦，因而他坚忍果决，能够经受大风大浪；刘奭是一个不懂生活艰辛的孩子，从未受过生活的磨难，也未经历过人生的风雨，更不懂得人心的奸诈。

大汉君王治国，讲求“外儒内法”，表面上玩儒家功夫，以仁礼治国；内里施展法家手段，以严刑酷法为后盾。刘彻是这样的君王，刘询也是。刘询为巩固皇权接连处死赵广汉、韩延寿和杨恽等朝廷要臣，其子刘奭却不能承受。刘奭上书刘询，说刑罚太过苛刻，应该用儒术治国。

经此一事，刘询知道了刘奭个性中的弱点，知其难以撑持大汉基业。刘奭懦弱，刘询也曾想过另立太子，当时他心中的人选是淮阳王刘钦。可是，刘询始终不能忘却对许平君的感情，在内心经过一番事业和感情的矛盾争斗后，他选择了感情。

弥留之际，刘询将刘奭托付给史高、萧望之和周堪。史高担任侍中一职，是刘询的表叔，代表外戚势力；史高本人无能，但他背后的靠山很强悍，别人不能轻易撼动。萧望之和周堪是刘奭的老师，他俩权力不大，但学术功底深厚，谋划有方。

为了进一步平衡这三者的力量，使他们势均力敌，互相制衡，也为了奖赏他们，刘询重新分封了一次。刘询封萧望之为前将军，兼任光禄勋；封周堪为光禄大夫；封史高为大司马，兼任车骑将军。萧望之和周堪代表潜在的士大夫势力，如果他们能够好好利用智谋，可以阻止外戚专权；史高代表根深蒂固的外戚势力，靠着这棵千年古树，史高能够防止士大夫弄权。

同时封了三位顾命大臣，宣帝的目的是希望实现三角稳定，互相制衡。然而，宣帝忘记了萧望之和周堪的相似性很强，他们俩都代表士大夫，只能算是同一股势力。因此无能而居高位的外戚史高面对的就是俩人。

三角计划蜕变为两极对抗，即萧望之联合周堪对抗史高。史高是外戚，势力根深蒂固，难以撼动。要与泰山比雄，就必须找寻另外一座大山，这座大山就是皇室子弟、学术大师刘向。

刘向祖上是随刘邦征战天下的刘交。刘向是刘交的第四代子孙，自然维护皇权，深得萧望之器重。萧望之、周堪和刘向志同道合，由此三人组成了一个反外戚的士大夫联盟。

萧望之与周堪联名推荐刘向为散骑宗正给事中。任职后，刘向的任务就是陪在皇帝身边，监督皇帝过失，善言劝谏。萧望之安排刘向在刘奭身边，就是给刘奭找寻一个引导人，以免他误入歧途。

刘奭称帝后，朝臣上书，推荐张敞为刘奭的老师。张敞面目有些凶恶，众人觉得倘若让他教导刘奭，也许能改变刘奭的懦弱个性。

刘奭丝毫没有断事能力，为自己任命一位太傅，也要咨询老师萧望之。萧望之自然不同意，说张敞言行轻佻，不适合当太傅。刘奭听萧望之如此说，默然同意。但张敞乃是有才能之人且声名远播，自己不能永远屈居在地方。于是萧望之调张敞回朝廷，安排他任左冯翊，打击黑恶势力。然而，命令刚下，张敞就死了。

刘奭生性好动，爱东逛西游，刘向不能时常陪伴。为了皇帝安全，萧望之另外给刘奭安排一名跟班，命他随时跟随刘奭。此人名叫金敞，担任侍中。萧望之不用张敞这等高手，而是起用一个名不见经传的后生晚辈，除了顽固，更是其嫉妒心作祟。

刘询刚死，萧望之就急忙安插人手在刘奭身边，组建士大夫联盟，意图很明显。史高虽无能却不是傻瓜，自然看出了其中的门道。

史高是刘询任命的大司马，虽然权力很大，但在萧望之的摆布下，已是有名无实，史高心中自是愤懑。

萧望之拉帮结派，抢占地盘，史高也组建联盟，全力反攻。

史高想报复萧望之，石显帮了很大的忙。

原本，石显有一位上司，名叫弘恭。弘恭是中书令，负责管理宫廷事务，石显是事务执行官。他俩早年不守规矩，被罚宫刑。宫刑后，石显苦学法律，期盼在皇宫谋职，刘奭称帝不久，提升他为中书令。

史高找石显商议组建外戚—宦官联盟的大计后，石显越发极力讨好刘奭。刘奭没有处事能力，身体虚弱，意志力也很弱，每当奏章很多时，他就让石显代劳。一旦掌控批复奏章的大权，就掌控了处治天下的权力，石显自然很乐意。

石显乐意代劳，刘奭顿觉轻松，于是他抛下国家，一心钻研音乐艺术。在第一局中，通过刘向和金敞的手，萧望之掌控了刘奭；在第二局中，通过石显的手，史高掌控了刘奭。两大联盟组建后，刘奭的皇权就是他们所欲争夺的东西，围绕刘奭，双方决定火并。

郑朋见风使舵

刘奭批复的奏章，越来越不合萧望之的口味。因为凡是萧望之赞同的，石显就反对，史高坚决反对；凡是萧望之反对的，石显就赞同，史高无条件赞同。看着萧望之无能为力，石显笑了，史高笑得更开心。

史高无能，萧望之不惧；石显也无能，萧望之就很害怕，因为石显接近刘奭。石显是萧望之的心腹大患，不能不除。萧望之上书刘奭，说国家权力都集中在朝廷，因此处理朝廷事务的人应当由光明正大的人担任。很明显萧望之奏疏的矛头直指阉人石显。萧望之担心刘奭不明白其中之意，又说，依照儒家传统，宦官不能担任官职，请求刘奭将石显免职。

石显深得刘奭信任，能看到朝臣的奏章。萧望之呈上这样的一封奏章，就是在下挑战书。

萧望之下了挑战书，石显就利用手中职权，马上还击。石显提升刘向为宗正，使刘向不能再陪侍刘奭左右。刘向走了，萧望之就少了一只掌控皇帝的手。于是，萧望之和周堪联名上书，推荐儒士出任谏官。但无论士大夫集团有多少谏官，都不是石显的对手，因为刘奭的心智稚嫩且无智谋，不喜欢儒士干枯无味的大道理，只爱听石显的甜言蜜语。两大集团争斗到这个地步，石显已经变成外戚—宦官联盟的主力，在争夺战中占据了优势地位。

正当士大夫集团节节败退之际，突然冒出一个恶胆小人，支持萧望之。这人名叫郑朋，没有坚定的政治立场，完全是投机倒把分子。郑朋之所以支持萧望之，是因为士大夫联盟被石显打得溃不成军。郑朋认为，只有力挽狂澜，才能凸显自己的才能。

郑朋写了一封揭发信，说大司马史高私下将门客安插到各封国和诸郡县，榨取非法利益，图谋不轨；外戚史氏家族和许氏家族互相勾结，害人无数，恶行累累，罪不容诛。郑朋这一举动令刘奭不能承受，不知如何处理。于是刘奭就去找老师周堪，咨询此事。

正愁联盟无人，突然冒出一位郑朋，周堪甚是高兴，他派人通知郑朋，让他到金马门报到，等候召见。萧望之接见郑朋时，郑朋一见萧望之，开门见山，张嘴就问萧望之，想当管仲还是周公。管仲和周公都是辅助君王的厉害人物，世人十分敬仰。郑朋说，如果萧望之想当管仲，就是他看错了人；如果萧望之想当周公，他愿意一马当先，开辟道路。郑朋语出惊人，萧望之大脑发热，当即拜服，两人谈得很投机。

郑朋走后，萧望之突然清醒，郑朋一身恶胆，什么事都干得出来，这严重触犯了士大夫的道德底线。作为士大夫的代表，萧望之行事十分规矩，绝不会越雷池一步，让萧望之跟郑朋合作，等于败坏他的道德观，他宁死不从。

自此萧望之对郑朋闭门不纳，周堪紧随，与郑朋绝交。郑朋上书后，刘奭准备召见他与另外一人。但由于周堪居中阻挠，郑朋没有机会见到刘奭。

在士大夫联盟碰壁后，郑朋退而求其次，投靠史高。史高很高兴，命郑朋拜见刘奭，将该说的话补充完整。郑朋拜见刘奭，说他上书奏章是受人指使所为，那人就是萧望之。

石显很聪明，不像萧望之那么笨，让对方看到奏章。趁萧望之不在朝野之时，石显将告发萧望之的奏章递交给刘奭。刘奭没有头脑，看不穿石显的真实把戏，于是命人追查。负责调查之人问萧望之，说有人告他挑拨皇帝和外戚的关系，他怎么解释。萧望之不知道自己背负大案，慷慨豪迈地说，外戚自恃位高爵厚，骄奢无度，他一片诚心，劝皇帝远离外戚，绝无二志。言者无心，听者有意，萧望之自负得紧，这就导致祸从口出。

萧望之亲口承认罪证，石显求之不得。石显整理好案件，对刘奭说，萧望之既已承认罪状，就应该交给廷尉处理。刘奭并不懂什么是交给廷尉处理，只单纯地认为是让廷尉调查。其实，交给廷尉处理，就是让廷尉确认犯罪嫌疑人是否有罪，如果有罪，就抓捕关押，判定处罚。石显深懂律法，为整垮士大夫集团，故意在皇帝面前设下圈套。

得知萧望之和刘向被廷尉抓捕后，刘奭十分生气，命石显立刻放人。石显费了九牛二虎之力，才将萧望之扔进大牢，绝不可能纵虎归山。但石显却没办法改变刘奭的想法，这时史高出马了。史高对刘奭说，他老师萧望之和皇室子弟刘向有罪，皇帝抓捕，百姓认为皇上铁面无私，无不敬服；如果突然释放萧望之和刘向，百姓就会认为皇帝偏袒，有损皇帝形象。刘奭刚登基，应该树立一个好形象，而不是给百姓留下一个坏形象；想不让萧望之和刘向在大牢里受苦，又能维护皇帝的形象，最好的方法是罢免萧望之和刘向。

刘奭向来不会思考朝廷之事，就听信了史高的话，将罢免萧望之和刘向的事交给史高处理。不久，刘奭下了一道诏书，说萧望之教导皇帝八年，年老体衰，皇帝怜惜，恩准其退休。经此一役，萧望之被免职，周堪和刘向被贬为庶民。

萧望之自杀

贬退萧望之后不久，刘奭又思念起他来，于是封他为关内侯，兼任给事中，准许萧望之每半个月拜见一次。给事中，就是御前监督官。刘奭让萧望之担任监督官，石显和史高心中很是惶恐。

紧接着，刘奭又想封周堪与刘向为谏大夫。如果让萧望之、周堪和刘向团聚，士大夫联盟便会死灰复燃，石显和史高甚为惊恐。为了将士大夫联盟扼杀在摇篮里，石显和史高竭力劝阻刘奭任用周堪和刘向。刘奭却突然很坚定，经过一番讨价还价，刘向和周堪被封为中郎。

士大夫集团复活，石显和史高坐立不安。双方的关系正处在紧张之际，突然发生了一场地震。天灾是对抗的最好借口，围绕天灾，两大联盟再次短兵相接。刘奭收到一份奏章，说天灾不是针对以萧望之为首的三位孤寡老人，而是针对阉人石显。奏章劝刘奭罢免石显，否则后果不堪设想。

石显看了奏章后，好言为自己开脱，请求刘奭抓捕上奏之人审问。上奏之人是刘向的亲戚，他心志不坚，和盘托出一切，说是刘向指使他诬告。刘向用人不当，刘奭只能再次贬刘向为庶人。

刘向被贬，萧望之不知如何是好。正当萧望之无助之时，他的儿子萧伋上书刘奭，请求翻案。几个月前，萧望之的案子只是被移交廷尉，还未确认是否有罪。况且萧伋认为，他父亲没罪，因为此事被免官不合道理，请求刘奭重新审理，追究相关责任人。当然萧伋请求重新审理是假，想借此整治石显才是他真正的目的。

石显故技重施，在萧伋的奏疏中找到几个小漏洞，说萧伋用语有失，大不敬。石显反击萧家一剑，上奏说，刘奭开恩，重新起用萧望之，萧家应该感激才对；萧伋公然大喊冤屈，要求翻案，简直是怙恶不悛，不懂得感激皇帝的厚恩。石显嫌文字表达不足以刺痛刘奭，又在刘奭的耳旁说，萧望之自负得紧，自恃是皇帝的老师，居功自傲，应该挫挫他的傲气、杀杀他的威风，否则将来恐怕不能管教。

石显告诉刘奭，关押萧望之几天，萧望之就听话了，不会再闹事、不会再惹人。

刘奭在石显的言语说辞下，竟将关押萧望之的事交由石显处理。石显拿着逮捕萧望之的诏书，命人捧去给萧望之看。石显的意思很清楚，他要让萧望之知道，刘奭掌控在他手中，萧望之斗不过他。萧望之刚刚看完逮捕诏令，就听到长安的军队将他家团团围住的消息。

萧望之问他的学生朱云该怎么办。朱云说士可杀，不可辱。萧望之突然心灰意冷，生出自杀的念头。

萧望之说，他是一位儒生，位列三公，是刘询钦点的顾命大臣；现已年过花甲，绝不再次遭受监牢的折辱，既然不能成功，就只能成仁。朱云递给他一杯鸩酒，萧望之仰头喝干，倒地而死。

刘奭听说萧望之自杀后，后悔万分，命人火速召唤石显。石显很会演戏，知道刘奭爱惜萧望之，一见到刘奭，马上跪倒，陈述万种理由。石显甜言蜜语地说了一大堆，总结下来，只一句话，不能理解萧望之为何宁可自杀，不愿苟活。石显知道萧望之以道德模范自居，性子刚烈，不能忍受折辱。他说不能理解萧望之轻生，是说给刘奭听的。

萧望之死了，士大夫集团就彻底灭亡了，没人再敢挑战石显；刘奭不理政事，全国政务都交由石显处理；史高与石显乃是同盟，只要石显不过分，他就不会为难石显。至此石显处理了士大夫集团，控制住了优柔寡断的刘奭，联合了外戚，真正掌控了权力。刘奭生性懦弱，阉人石显趁机崛起，这是历史的必然。

【专栏】

于定国受命断讼

当初，霍氏把持朝政，预谋造反。杨恽乃汉宣帝时丞相杨敞之子，时任左曹，为人机警，得知消息后，火速飞报宣帝。宣帝得以先发制人，灭霍氏。杨恽因功被宣帝提拔为中郎将，封赏侯爵。

杨恽探听隐私成癖，还喜欢张扬，这深深伤害了他人的自尊，引得长安城内沸沸扬扬。杨恽的行为早就激起众怒，只是众人碍于宣帝对他特别关照，不敢轻易发难。一般人不敢轻易发难，并不代表谁都怕杨恽，戴长乐就是这个例外。

在民间漂泊期间，宣帝刘询遇上戴长乐，两人相交，关系越来越好。刘询当上皇帝后，不忘贫寒时的故旧，招戴长乐入宫，封为太仆。宣帝十分信任戴长乐，总让他办一些不方便交给别人处理的事。但戴长乐生性轻浮，喜欢炫耀，逢人就说皇帝让他办理什么事，事的关窍在哪里，等等。

杨恽于是开始张扬戴长乐的“功绩”，比戴长乐自己还更卖力。戴长乐听说杨恽胡乱宣传他的丰功伟绩，害怕宣帝责怪，对己不利。于是为了制止谣言流播，戴长乐决定整治杨恽。他派人满长安搜集信息，要将杨恽扳倒。经过一番明察暗访，戴长乐将杨恽的罪证上报宣帝。戴长乐告杨恽卖弄才学，诽谤朝廷，大唱亡国论，妖言惑众；又说杨恽随便拿皇帝开玩笑，逗乐子，是为大不敬。

面对东拼西凑的罪证，杨恽矢口否认。一方举证对方有罪，另一方矢口否认；一个是旧日知交，另一个是新遇功臣。手心是肉，手背也是肉；缺了左手不行，少了右手不方便。宣帝左右为难，正当不知所措时，他想到一位断案高手，廷尉于定国。

于定国交给宣帝一份断案奏章，说戴长乐状告杨恽，经廷尉调查，杨恽罪证确凿，连证人都找到了；然而，杨恽不服，还扬言恐吓，说要杀害证人。如果奏章就此结束，处罚杨恽，保留故旧戴长乐，将是一份做得很精美的判决书。然而，于定国十分高明，他接着写道，杨恽恃宠而骄，妖言惑众，扰乱长安，有负皇恩，请求宣帝批准逮捕。

杨恽的大嘴巴长安人人知晓，宣帝也知道。于定国如此上奏，摆明说杨恽说了不该说的话，甚至胆敢涮皇帝，杨恽树敌太多，早晚会惹火烧身，不如趁早处理，防止事态扩大。于定国这一招，叫作防微杜渐，以免杨恽犯下不可饶恕的大错，令宣帝难堪。

看完于定国的奏章，宣帝觉得杨恽和戴长乐都有造谣的嫌疑，为了公平，宣帝将杨恽和戴长乐都贬为了庶人。

第四章 汉室衰微谁之过

刘奭的小心思

王昭君，现今湖北省秭归县人，民女出身，被选入宫后，没有得到皇帝的宠幸。据传因后宫佳丽太多，刘奭就命画工毛延寿到后宫为各位佳丽作画。毛延寿借机敲诈，向佳丽索要贿赂。王昭君目下无尘，不能容忍索要贿赂的行为，断然拒绝。敲诈不成，毛延寿心生愤恨，遂在王昭君的画像上点了一颗破相的痣。

就凭着一支画笔，毛延寿毁了王昭君在汉宫的一生。王昭君挨过几年清秋后，对皇宫彻底失望，听说呼韩邪单于请求迎娶大汉女子，便主动请求远嫁匈奴。刘奭对王昭君没有好感，就没有进行任何阻拦。

临别，刘奭才见到王昭君的美貌。看着美人离去，刘奭因错嫁王昭君而悔恨，又因毛延寿不尽职而愤怒。回宫后，刘奭一刀结束了毛延寿的生命。

呼韩邪单于娶走美人，欣喜若狂，修书一封，请求汉朝撤走边塞军队，保证世世代代为汉朝守卫边疆。呼韩邪单于如此乖觉，朝臣都同意撤走边塞军队，只有宫廷禁卫官不同意。他说大汉与匈奴和好，如果大汉这么快就撤走边防军，匈奴会认为是他们的功劳，并可能借此邀功，请求封赏。另外，呼韩邪单于听话，并不能保证后来的单于听话。

为了大汉的安全，刘奭经过一番思量决定不撤边塞军队。呼

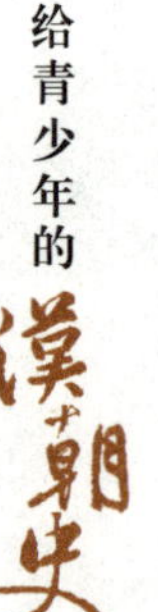

韩邪单于也就不再请求，并封王昭君为宁胡阏氏，后来，王昭君生了一个儿子。三年后，呼韩邪单于去世。按照匈奴习俗，王昭君改嫁给呼韩邪单于的长子，又生了两个女儿。

自王昭君远嫁匈奴起，汉朝与匈奴保持了近六十年的和平。

没娶到王昭君这位奇女子，但刘奭娶了一位更奇的女子为皇后。这位女子叫王政君，与王昭君同姓，但命运迥然。如果说王昭君是弱女子的命，王政君就是强女人的命。

王政君家住长安城，父亲王禁官居廷尉史。

王禁本已为王政君相中一门亲事，双方父母也说定了。然而，王政君还没出嫁，男方就死了。接着，王禁又为女儿相中富家公子东平王，双方刚说定，同样离奇的事又发生了。这在当时来看，是命硬克夫的征兆。

后来，王禁为女儿算了一卦。卦象说王政君：当大贵，不可言。世间富贵很少，欲达到不可言的境界，只有当皇帝或者皇后。离奇之事频频发生，王禁大致参透了卦象所言，开始教王政君读书写字，琴棋书画。王政君十八岁时，被选入宫。

王政君入宫时，刘奭还是太子。刘奭柔情似水，跟司马氏缠缠绵绵。可惜，司马氏体弱多病，早死。弥留之际，司马氏对刘奭说，她身体不好，全因后宫女人妒忌，诅咒她早死。刘奭是个多情种子，恨后宫女人诅咒司马氏，司马氏死后，立誓不碰后宫女人。

刘询知道后，想到一个两全其美的办法，他从后宫选出五个宫女供刘奭挑，王政君就在其中。刘奭的养母王皇后问他喜欢哪个，刘奭冷冷淡淡的，说随便一个。王皇后见王政君的位置挨着刘奭，而且王政君的大红衣角还接触到了刘奭，便由此断定刘奭喜欢王政君，就将王政君留下了。

之后，王政君为刘奭生了一个儿子，刘询为他取名刘骜。刘骜长大后，不合刘奭的心意，刘奭想另立太子。刘奭虽然治国无方，在音乐方面倒颇有建树。他的小儿子刘康有音乐天赋，很合刘奭的心意。而且刘康的母亲傅昭仪比王政君漂亮，比王政君讨刘奭喜欢。刘康是刘奭的音乐知己，刘康的母亲又是刘奭的新宠，于是刘奭就想另立刘康为太子。刘奭病重，只让刘康母子服侍，刘骜母子根本挨不上边。王政君很着急，火速寻求刘奭宠臣石显帮忙，石显同意出手相助。

有了石显的帮忙，就等于有了石显集团的帮忙，而且石显集团后面还有史氏家族的支撑。更令王政君兴奋的是史高的儿子——史丹是刘奭的亲信，能够随便出入刘奭的寝室。

有一天，趁刘康母子不在，史丹跑进刘奭寝宫，跪在刘奭床前大哭说，刘骜被册立为太子已经有十多年了，太子美名远播，深受百姓爱戴。而且史丹还以死相威胁表示坚决不同意另立太子。

刘奭听后，又想到宣帝对刘骜颇为疼爱，于是对史丹说，让王政君好好教育太子，辅助太子继承帝位。

竟宁元年（前 33），刘奭在未央宫驾崩。

刘骜选太子

自从王政君抓住了石显集团，刘骜称帝便是板上钉钉的事了。待刘奭驾崩，刘骜便顺利登基称帝。

刘骜能够保住太子之位，并如愿登基，石显没有功劳也有苦劳，理应受到厚赏。然而，多行不义必自毙，靠山刘奭倒后，石显也应该还债了。

丞相、帝师匡衡联合御史大夫在刘骜登基后上书，说阉人石显谄媚弄权、栽赃嫁祸、陷害忠良，致使朝廷鸡犬不宁，为大汉着想，应该罢免石显。匡衡办事干净利落，连根拔、一窝端，石显党朋全部落入他的罢免之列。

学生刘骜听老师匡衡的话，不仅罢免了石显一派所有成员，还将石显全家逐回老家。大势已去，石显只能郁郁而归，最后死在了半路上。然而螳螂捕蝉黄雀在后，石显死后，有人立刻在匡衡后心插了一刀，想要他的老命，这人就是王尊。

王尊性格坚毅，处事果敢，不怕天，更不怕地，但有时也好意气用事，以个人喜恶评判他人，不知道为官是一门需要妥协的艺术。王凤正需要这种人，便起用了王尊。

王凤是王政君的哥哥，王政君当上皇后后，王氏家族崛起，势力膨胀。王政君为王氏家族打开通往权力之殿的大道，而带领王氏家族走上这条大道的则是王凤。没有王政君，就没有掌权的王凤；没有强悍的王凤，就没有王氏家族喷薄而升的权势。

状告匡衡，是因为王尊看不惯匡衡藏方行圆。原来，石显得势时，匡衡为明哲保身，附和石显之意干了不少违心的事。王尊刚硬耿直，抓住匡衡的这块污点，欲逼匡衡让出丞相一职，将朝廷彻底清理干净。

王尊弹劾匡衡，也是连根拔，即只要是匡衡的同伙，就绝不放过。王尊手段厉害，远近闻名，更何况他的靠山是大司马王凤。匡衡害怕事情闹大，不得善终，上书请辞，削减食邑。刘骜出于对老师的敬重，保留了匡衡的职位，否决了王尊的提议，并将王尊贬谪到高陵当县长。

王尊弹劾与他没有冤仇的匡衡，是性格使然；匡衡弹劾与他没有冤仇的石显，是价值观使然。王尊读的是史书，造就他的是浩然正气；匡衡修炼的是儒学，影响他的是价值观。

阳朔三年（前 22），王凤倒下了。临死，王凤将王音托付给刘骜，嘱咐刘骜让王音接任大司马。刘骜想按年岁长幼为序，让平阿侯王谭接替，王凤毅然拒绝。王凤说，其他王氏子弟品行不端，只会挥霍享乐，不能担当大司马一职。事实也确实如此，自从被封侯后，王氏子弟奢华无度，竟然互相比富，惹得人人怒目而视。如果让其他子弟接任大司马，他们不但不能保住职位，反而会招致非议，激起公愤。当然，王凤与王谭不合，也是王凤破格提拔王音的原因。

刘骜最终还是答应了王凤的临终要求，在其死后，封王音为大司马兼任车骑将军。

元延四年（前9），诸侯王前来长安朝拜，来的人不特殊，但是日子很特殊。病弱的刘骜44岁了，他放弃生儿子，要从两个王中选一个册立为太子。这两个看似不特殊，实际很特殊的人就是中山王刘兴和定陶王刘欣。

刘兴是刘骜的兄弟，刘欣是刘骜的侄子，这两个人都是刘骜最亲近的人。刘欣的父亲刘康和刘骜很好，可惜被王凤拆散后，彼此难见一面，最终人鬼殊途。刘欣乖巧伶俐，刘康死后，刘欣深得刘骜的青睐。

朝见期间，刘骜暗中考察刘兴和刘欣的才能。刘欣就像一位经过严格训练的士兵，无论大事小事、一言一行都深合刘骜心意。刘欣能将刘骜最喜爱的《诗经》倒背如流，刘兴却是凡夫俗子一个，什么都不懂。选立国家的太子，不一定要才华横溢的人，但也不能要一个凡夫俗子。第一局比试，刘兴败阵。

第二局最平常，比吃饭。刘欣吃饭时，温文有礼，举止得当，刘兴却狼吞虎咽，就像前世是饿死鬼。退席时，刘欣懂得让刘骜先走，刘兴却如一枚冲天的炮弹，直冲猛闯。更令刘骜生气的是，刘兴的袜带松了，大半截脱落在外面，像一个要饭的。刘骜看后觉得刘兴没有帝王之气，甚至连贵人的气质都没有。于是在刘兴和刘欣之间，刘骜选择了后者。

刘骜相中刘欣后，召集朝臣开会，讨论册立太子一事。这时已经过去一年了。有些人竟然提议立刘兴为太子，最突出的代表是御史大夫孔光。孔光认为，依照礼教规则选择，要选立与刘骜血缘最近的人，即按兄终弟及的模式选立太子。

孔光看待问题，总是以古书为标准，忽视现实的需要，很容易碰钉子。丞相翟方进与孔光看待问题的视角不同，他从现实的需要出发，知道权变。因刘骜喜欢刘欣，于是翟方进提议立刘欣为太子。

翟方进坚决拥护刘欣，深得刘骜喜爱。附和孔光选立刘兴的人很少，大多数人都赞同选立刘欣。最后刘骜册立刘欣为太子，同时为了安慰刘兴，刘骜多给了他 3 万户采邑。

按照大汉规定，刘欣过继给刘骜后，就不能再同原先的亲人有任何联系。然而，刘欣是祖母定陶太后傅氏推荐的，王政君和刘骜商议后，让傅氏每隔 10 天见刘欣一面。

淳于长风光不再

作为一个很怕做出抉择的人，刘骜喜欢顺从别人的指使，尤其是赵氏姐妹的指使。正当刘骜为选立刘欣而欣慰时，突然传来消息说，大司马曲阳侯王根病重，请求皇帝选任他的接班人。

由于王根病重，刘骜想让淳于长接任大司马之位。但自有大司马一职以来，其大多由外戚担任，刘骜欲选任淳于长，这尢疑破坏了规矩。刘骜此举，得罪了外戚王氏集团，而他得罪的王氏集团中恰好潜伏着一位玩弄权谋很厉害的人物。

听说将接任大司马，淳于长亮出厚脸皮，使出甜嘴皮，天天奔往于刘骜和王根处。一心二用，委实辛苦，为了金钱，淳于长连鞋底都磨破了。

淳于长能跑腿，会说话，谁的身上都想挤一点油。

淳于长只知道爱钱,也不懂得见好就收,还敢觊觎大司马之位，真是自寻死路。刘骜宠幸淳于长，淳于长就想飞上天，殊不知，他并没有真本事，只靠耍嘴皮子。

淳于长突居高位令人羡慕，某位权谋家很是看不惯。

这位权谋家就是王莽。淳于长与王莽，他俩根本就不是同一等级的人物。王莽是蟒，他身子一翻，不知要压死多少灌木，损伤多少高大乔木；淳于长仅是一根茅草，蟒蛇从茅草身边爬过，茅草当即折断。所以王莽一旦盯上淳于长，他这根在秋风里开满白花、迎风招展、光泽熠熠的茅草，就已经走到生命的暮秋了。

王莽是王政君的侄子。王政君一人当皇后，整个家族都被封侯，但王莽的父亲王曼还没被封侯就死了。王莽来到这个世间时一无所有，他从家里走进社会时还是一无所有。

因为贫穷，王莽形影相吊。没人肯陪他这个穷小子玩，所以王莽就勤学苦练，拜沛郡陈参为师，一心研究《礼经》，将自己装扮得像儒生。不仅如此，王莽还降低身份与一般人以布衣论交。说王莽降低身份，是因为他姑姑是皇后，平头百姓不能与他平起平坐。王莽还十分节俭，会将多余的钱财送给需要帮助的人。不出几年，王莽博学多才貌似儒生，慷慨乐施的美名越传越远。

王莽的哥哥死了，将自己的妻儿托付给王莽照顾。自此，王莽照顾老母亲，照管嫂嫂，教养侄子，面面俱到，恭敬有礼，没有丝毫越礼之处。

王莽的伯父大司马王凤病重期间，王莽前往照管。他亲口为王凤尝药，王凤卧床几个月，王莽照管几个月。为了照顾王凤，他不解衣带而睡，蓬首垢面。为讨好一个将死的人，王莽肯下这等功夫，淳于长却只会陪王凤散散步聊聊天。王凤自然被王莽的诚心打动，托付皇后和皇帝照顾王莽。王凤死后，王莽被任命为黄门郎，后来升迁为射声校尉。

永始元年(前16)，王莽被封为新都侯，食邑一千五百户。此后，王莽的官职就如同芝麻开花节节高。不久，王莽升任骑都尉光禄大夫。随着官职上升，王莽越发谦卑，不仅对人礼遇有加，还为了赈济宾客散尽自己的好马香车，搞得家徒四壁。如果让淳于长散财救助他人，就等于要他放自己的血喂人。王莽交友送人钱财，而淳于长交友，总想榨取，如此高下立见。

尽管家徒四壁，但王莽尽力接纳名士，结交了很多士卿大夫。王莽声名日隆，在朝者竞相举荐他，在野者互相夸赞他，他的美誉远远超过自己的伯伯叔叔。

如果说淳于长是个视钱如命的诈骗犯，那么王莽是个政治手腕极灵活的权谋家。在王莽心里，大司马是外戚家族的。外戚中当数王氏集团最强，他在王氏集团中声誉最隆，大司马之位非他莫属。但淳于长自恃刘骜对自己的宠爱，却将大司马视为自己的囊中之物。

一旦刘骜任命淳于长为大司马，王莽的百年大计就要推后许久，甚至不能实现。当此紧要时刻，王莽坐不住了，他去看望卧病在床的王根，将淳于长与许皇后的姐姐通奸和诈骗许皇后的事全说了。

听到消息勃然大怒的王根，命王莽火速告知王太后。王根大怒不是因为淳于长通奸，也不是因为淳于长诈骗，而是害怕王太后被淳于长愚弄。遇此丑事，王太后不方便处理，便要王莽去禀告刘骜。刘骜得知此事后，即刻就贬淳于长回了封地。

淳于长曾在长安风光一时，那时要什么有什么，何等快活。现在要走了，可能永远回不来了。对于爱钱如命的人而言，如果永远回不来了，他不会留下一点儿值钱的东西。正当淳于长费尽心思打包回家时，王融跳出来了，他要淳于长留下仪仗队。

王融是外戚要人王立的儿子，王立因诈骗国家财产丢了大司马之职，他认为这一切都是淳于长在背后捣鬼。如今，淳于长被贬，多半一辈子都回不来，如果不趁机敲他一把，王立被查的大仇就别想报。

王融也是讲求实际的人，他知道很多东西现在都追不回了，至多只能让淳于长用钱赔偿。好在淳于长钱多，见王融勒索当即奉上大把钱财。

王莽称帝

王融前来，名为乞求仪仗队，实际是想趁机敲淳于长竹杠。淳于长脑子一转，当即笑嘻嘻地牵着王融的手，一起走进内堂。

淳于长扶王融坐好，马上搬出金银珠宝，只见那些财宝如一座小山般堆在桌上。

淳于长心想，只要能用金钱请王立向刘骜美言几句，也许他就能够留在长安。俗话说，留得青山在，不怕没柴烧。只要能留在长安，淳于长的作秀总有一天能发挥功效；如果被贬回封地，即使作秀功夫天下第一，也是徒有其技无处施展。

淳于长偷眼瞧着王融这根救命稻草，只见王融看着财宝眉开眼笑。见王融中计，淳于长不容他三思，马上命人包起桌上金银送给王融。王融带上金银立刻坐上马车，飞驰回家。

没想到王融一竹杠就敲回那么多金银，王立十分高兴。王融将淳于长的嘱托说了，王立马上写封奏书，言辞恳切，请求刘骜留淳于长在长安。

看完王立的奏书后，刘骜百思不得其解。淳于长被贬，王立应该高兴，而非奏请留他在长安。现在这一对生死冤家突然和好了，他却一点风声都没听到。官员之间的私下联系本来就是皇帝所忌惮的，现如今这对仇敌突然握手言和，让刘骜不得不小心谨慎。为了自己的安全，刘骜命有司查报此事。

有司调查后，很快就知道王融曾向淳于长索取贿赂。刘骜想顺藤摸瓜，命人抓捕王融审问。王立听说刘骜发怒欲捕王融，担心王融供出自己，心一狠就逼王融自杀了。

出了人命，刘骜更加关心此事。刘骜关心此事，不是出于爱惜人命的慈悲心理，而是关心事件背后的阴谋。淳于长听说王融自杀了，害怕事情越闹越大，就马上溜走了。刘骜决定，此事必须查个水落石出。有司追回淳于长，将其关押大牢候审。淳于长被吓坏了，立刻将贿赂王立父子之事说了，同时也将诈骗许皇后，调戏许皇后，答应扶持许皇后为左皇后的事都说了。

调戏皇后就是惑乱后宫，刘骜对心爱的淳于长不再手软，当即命人斩了他。许皇后本来就受冷落，既然她想伸伸头，想吹吹风，刘骜就成全她。刘骜命孔光持节，前往看望许皇后。看望是假，孔光一去，自然是领了赐死许皇后的命令。许皇后很听话，孔光走后，就服毒自杀了。

绥和元年（前8）十一月，时年三十八岁的王莽被封为大司马。当上大司马后，王莽一如往昔，不但不骄傲，反而越发谦卑。身居高位，内孝外贤，行止有礼，路人有口皆碑，交口称誉王莽。

绥和二年（前7）三月十八日，刘骜驾崩，时年十九岁的刘欣坐上了高高在上的皇位。刘欣在位七年去世，王莽便着手迎立新皇帝。

刘欣没有儿子，他死后，朝臣都觉得应该迎立其堂弟刘箕子。刘箕子只有九岁，仅凭这一点王莽就喜欢他。那是因为刘箕子小，需要太后辅政。王政君辅政，就等于王莽辅政。

元寿二年（前1）九月初一，刘箕子登基，王政君临朝听政，王莽总揽朝廷事务。

第二年，王莽到益州郡抓来三只野鸡，一只全白，两只全黑。王莽告诉王政君，说这三只野鸡是稀有动物，十分吉祥。王政君读书不多，不能理解王莽的深意，便让王莽用白野鸡祭祀太庙。

熟读古文的人都知道，白野鸡与周公有关系。王莽抓来白野鸡，绝不是为了祭祀太庙，而是想自比周公。大汉有一堆书呆子，他们借用典故，马上迎合王莽，说王莽是第二个周公，是安抚大汉的不二功臣，功勋盖世，应该被封为公爵。王莽由侯爵晋升为公爵，就是一人之下，万人之上了。

王政君很快看出了端倪，但也无可奈何，她只好答应封王莽为公爵。诏书颁布，王莽不接受，说应该先封孔光等老臣。王莽不愧是作伪高手，王政君连封四次，王莽拒绝四次。

王政君第五次封赏，王莽突然称病在家。王政君也是精通政治争斗之道的人，她稍一寻思，就明白了王莽的意思，随即封孔光为太师，增加采邑一万户，还加封另外三个人。封完陪衬品后，王政君封王莽为安汉公，增加采邑二万八千户。

王政君封赏孔光等人为王莽衬托后，王莽开始上朝。王莽上奏说现在不要二万八千户的采邑，要等大汉百姓生活好了才领受。王莽几次推辞，最后只要名，不要利，真是作伪高人。

刘箕子九岁登基，十四岁驾崩。安葬刘箕子后，为了便于控制，王莽选了两岁的刘婴为皇太子。王莽选立刘婴为皇太子，意思就是让刘婴当太子。如果说刘婴不能当皇帝，那一定是因为王莽想当。

刘婴被立为皇太子的诏书一下，王莽之心，天下皆知。王莽想当皇帝，别人也想；王莽想行使皇帝大权，别人更想。为了权力，刘氏子弟率先大举义旗，高呼讨伐王莽。平定刘氏子弟后，王莽坚信大难不死必有后福。为了后福，王莽决定大干一场。

王莽呈上一封奏疏，说剿灭义军后，四处出现祥瑞；祥瑞接连出现，是天意使然；王莽自比周公，不再用摄政年号，而是直接掌握政权。王莽表示，待刘婴长到二十岁，他就交出政权。王莽说等刘婴长到二十岁，但刘婴哪天死，只有鬼才知道。

初始元年（8）十一月，王莽前往刘氏太庙祭祀，接受加冕典礼；接着，王莽颁布诏书，说祥瑞接连出现，预示他将登基称帝，甚至就连汉高祖刘邦也同意他即位。不到一个月，王莽登基称帝，建立新王朝。

王莽称帝后，天灾不断、人祸不止，民不聊生。天凤四年（17），发生饥荒，荆州尤其严重，百姓找不到吃的东西，就要饿死。躺在家里是饿死，揭竿而起也是死，与其坐以待毙，不如奋力一搏。

荆州饥民将自己的命交给上天，共同推举出一位首领，大举入城抢劫。抢劫成功后，他们占据绿林山，专门抢劫官府，赈济灾民，被尊称为绿林军。

绿林军如星星之火，顿时燎原，农民起义兴起，起义军纷纷涌向长安。

丞相与皇帝硬碰硬

自大汉建立起，“侯”是越来越不值钱了，在刘邦时代，想封侯必有战功；随着时间的流逝，战功的标准退化成了支持皇帝的力度；历史又向前走了一段时间后，支持皇帝的力度退化成了是不是外戚身份；历史再向前迈出一小步，外戚身份的标准逐渐被是否受宠所取代，刘欣欲封董贤就是这一趋势的代表。

这日，东平国首府无盐县的一座大山，突然发生滑坡事故。这次滑坡很神，落下的沙石竟然平铺成一条大道。据说这条道路非常好，与秦始皇修的官道不相上下。大道旁自然立起一块大石，又平又滑，犹如一块石碑。

封国遇此瑞兆，东平王刘云的心就不正了。刘云带上娇妻，坐上马车，前来看望大石。刘云夫妇盯着大石看了好久，越看越精神。

为了对天意表示回应，刘云命人在王府造了一座假山。为了自己的私欲，刘云命人将大石搬回王府，整天焚香膜拜。

刘云整天拜神拜鬼，河内郡有个人名叫息夫躬，利用此事，想混一只金饭碗。在遥远的长安，有位叫孙宠的人，也想利用此事，混一只金饭碗。天意使他们俩相识，他们两人一心，心同一理，合力通过中常侍宋弘之手，将揭发信送到刘欣手中。

刘欣自觉身体健壮，却整天都病恹恹的，便疑心有人行巫蛊之术害自己。造反之事，宁可信其有，不可信其无。为了自己的安全，也为了树立皇威，刘欣查了他个底朝天。

刘云拜石案破了后，刘欣就想封董贤为侯。于是刘欣宣布，欲封息夫躬和孙宠等告发刘云有功之人为侯，董贤之名就在其中。

没想到王嘉第一个跳出来说“不”。

王嘉，字公仲，在推举孝廉时，名列甲科，朝廷给他一个守门的差事。可能他读书读呆了，只认衣裳不认人；恰好某一天某位官员穿便装，他拦门不让进；上头追查，将他贬官了。

汉成帝知道王嘉才高，招他去宣室，咨询政事。王嘉自此接连被提拔，先后做过郡守、大鸿胪、京兆尹、御史大夫。刘欣登基后，手上无人，就让他当了丞相。

王嘉联合御史大夫贾延上书，反对封董贤为侯。其实，王嘉的所作所为是在提醒刘欣，让他想到当年受刘恒宠爱最后却贫死的邓通。可是，在刘欣看来，王嘉提醒是假，威胁皇帝、诅咒董贤才是真。

王嘉决定硬碰硬，刘欣身为皇帝自然不会懦弱。硬碰硬的结果就是刘欣强制下诏，封董贤为高安侯，封孙宠为方阳侯，封息夫躬为宜陵侯。

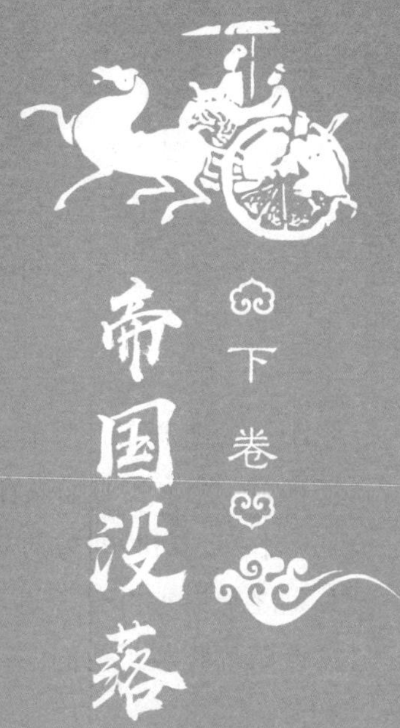
下卷
帝国没落

第一章 揭竿而起重兴汉室

刘秀创立东汉

刘秀是高祖刘邦的第九代孙，祖上可以追溯到景帝所生的刘发。

刘发这一支传到刘秀，已经破落不堪。刘秀的父亲刘钦只是个小小的南顿令，待他去世，家里就失去了唯一的政治支柱和经济来源，全家顿时陷入食不果腹、衣不御寒的困苦境地。

幸好，当时刘秀的叔父刘良家中尚有几亩薄田，还能够在这乱世之中谋求生存，刘秀与其兄长刘缜从小就比较勤快懂事，刘良便顺势收养了他们。自此，刘秀变成了南阳郡蔡阳县里的一名农夫。

王莽天凤年间，精通《尚书》的中大夫庐江人许子威，在长安的太学中开馆讲学。刘秀听说后卖了一些粮食和其他财物，与家乡志同道合之士一起凑钱合买了一头驴，雇人驾着驴车来到京城长安。

刘秀在长安求学的时间只有短短的三年，但却为他此后的人生奠定了一定的基础。长安是当时世界上最繁华的城市，文化昌盛，大开眼界的刘秀在这结交了许多俊杰，如朱祐、严光、邓禹等人，都是以后东汉历史上惊艳一时的人物。

此时的王莽新朝内部，已经暗藏杀机。一切的源头，不过是一个谶语，它是兴盛于秦汉时期的一种神秘的学说，当时人们深信它可以趋吉避凶、还原过去、预测未来。

整个王莽新朝，精通谶纬之术的只有刘歆。刘歆为人奸诈狡猾，对王莽卑躬屈膝，因而获得了王莽的重用，但是他并不满足。在参阅了大量的资料，对未来的时局进行推演之后，刘歆竟然惊奇地发现，未来的数十年中，刘氏应当再次受命于天，重新夺取天下。而那个顺天应命的人的名字竟然也在推演中泄露了出来，叫刘秀。

刘歆地位显赫，素有野心，他对自己的推演结果深信不疑。于是，他将自己的名字改为刘秀，以应天象。同时他梦想着，有朝一日自己也能够登上九五帝位。

他没有预料到，这个名叫刘秀的人，天下只此一家、别无分号，而刘秀此刻正在千里之外的南阳郡挣扎求生。

刘歆的谶语不知不觉传到了南阳郡。天下盛传："王氏必灭，汉室当兴。"无人知晓，谶语所传的真命天子就隐藏在民间，即使连他自己也不知晓。之后各方术士接连推算而出，真命天子绝对不是那个有才无德的刘歆。终于在有形无形之中，有人遇见了刘秀这条九天神龙。

这日，一个名叫李通的人来找刘秀兄弟。李通的父亲名叫李守，精于生意之道。李通的父亲和当时社会的众多富贵之人一样，在这个乱世之中，没有什么力量可以保存自己的家世地位，因而只能相信一些莫须有的东西，那就是卜卦之术。不久，还真的让他父亲得到一个谶语，叫"刘氏复兴，李氏为辅"，并告诉了李通。

李通得此谶语，日夜研究，终于发现，或许自己就是辅佐那个天命之子的人。如果成功，那便是三公九卿、拜将封侯，光宗耀祖自是水到渠成。于是，李通毅然决定，辞去补巫丞这个芝麻小官，去寻找自己的远大前途。

适时南阳刘秀的兄长宽厚仁侠之名远近闻名，李通的堂弟李轶就对李通说刘縯、刘秀兄弟泛爱容人，可以共谋大事。李通笑了笑说："正合我意。"原来他也早就有了想法。于是李通就要李轶设法与刘縯联系。

经过几番寻找，李氏兄弟终于找到了刘秀。然而此时的刘秀，却刚刚从大牢中出来。原来，南阳大旱，饿殍遍野，刘秀及其兄长便生了造反自立的心思。

为了筹集军费，刘秀将家中的粮食全部运到县城变卖。哪知这边的官吏知晓后，不经任何查实，便定了他偷盗粮食之罪。官吏认为在如今这个人人缺衣少食的时候，他们还卖粮食，那他们的粮食一定不是来自正途。刘秀就这样被关进了大牢之中。

正当刘秀哀叹自己时运不济、命运多舛之时，竟碰见了旧时的朋友樊晔。樊晔此时正是县里的一个小官吏，于是他花了些钱，将刘秀救了出去。

刘秀刚刚出狱，便听闻李轶要来见自己。此前刘秀的兄长刘縯因为不满李通一个兄弟为人傲慢，一怒之下，将其斩杀，这样说来，刘李两家还有不小的仇怨。因此，刘秀踌躇不决，他担心李轶此次前来是不怀好意。于是，他前去见李轶，还不忘带上一把匕首。

李通、李轶见到刘秀，忙劝导他说："刘氏家族要重新兴盛了，李氏家族是刘氏宗族的辅佐，而刘家的那个真命天子就是刘秀。"

刘秀一开始对二人的来意不是很清楚，便试探道："这个人莫不是当朝国师？"李通、李轶等人何等聪明，知晓刘秀必定是不相信自己。他俩再看刘秀衣袖中还带着匕首，必然是为了防范自己。二人直接道明来意，劝说刘秀举兵造反。刘秀便决定起事，在城中购置弓箭武器招兵买马。

另一边，刘縯一方面大力积蓄力量，同时也认识到想造反起义，单靠宗室子弟，自己结交的那些宾客、朋友是不够的，造反的力量太弱小，难以成大事。于是，他便找上了新市、平林军的绿林首领王匡、陈牧等人，并迅速与之达成起兵协议。

主意已定，刘縯成为起义军首领，他让刘秀与李通、李轶等人做好起义准备，又让自己的姐夫邓晨在新野带领家眷前来会合，而他自己则率领刘氏宗族子弟加紧准备物资，等候绿林军前来汇合。

地皇三年（22）十月，刘縯、刘秀兄弟与李通及其堂弟李轶等人正式起兵，这年刘秀二十八岁。

刘秀率领众豪杰，经十四年不懈努力，终于将天下再次归于一统，开创了延绵二百多年的东汉皇朝的统治。

中元二年（57）二月，刘秀在南宫前殿逝世，享年六十二岁。

刘秀的一生就此宣告结束，半世戎马、辛苦经营打下来的万里江山，传到了太子刘庄的手中，延续着刘家的天下。

稳坐太子位

刘秀一统天下之后，对于皇后阴丽华一家甚为倚重，但这并不代表刘秀没有汲取前朝外戚专政，导致王莽最终废汉自立的教训，而是刘秀已经做好了万全的准备，他有信心让阴氏一门忠于自己、辅佐大汉。

及至汉明帝刘庄继位，继承了先帝在位之时的做法，对外戚甚为倚重和照顾。其中，刘庄的两个舅父，即阴乡侯阴识、关内侯阴兴皆是忠贞正直之士，在朝野内外都口碑甚好，贤名之声四海雅望。然而他的另一个舅舅阴就却是一个志大才疏之人，因而臭名在外。

永平二年（59），阴识因病去世，而阴兴早在建武二十三年（47）就离世了，自此，阴就成了阴氏家族的族长，失去制约的他，越加无法无天。

阴就放肆不法的作为，在各个方面均深刻影响到自己的儿子、郦邑公主驸马阴丰。“上梁不正下梁歪”，所以阴丰虽正事不成，在歪门邪道上确是“天赋异禀”。

原本公主嫁于阴丰，就只是一场政治婚姻，所以郦邑公主对阴丰，根本谈不上有任何感情和爱意。此外，公主也是个娇纵成性的人，要知道，她是刘秀与阴丽华最小的女儿，自然被视为掌上明珠，到了阴丰府上，不仅没有得到应有的宠爱，阴丰竟然还屡次想要讨几房小妾。二人婚姻逐渐不谐，甚至逐渐朝水火难容之境地迈进，两人经常吵架，甚至还屡屡动手。

阴就不止一次因此训斥阴丰，但阴丰都当作耳旁风。后来阴丰又与公主吵架，激动中公主辱及阴就，阴丰盛怒之下将公主刺死。

阴就闻讯，大惊失色，遂快步走到驸马府上，一见倒在血泊中的公主尸体，顿时吓得血色全无，随即昏厥。待他醒转过来，连忙下令将阴丰这个忤逆子捆绑起来，再命人将自己和阴丰的母亲一同捆绑送入宫中。

公主死了，阴丽华大受打击，就于无形之中给刘庄施压。平时刘庄和公主的关系也很不错，因此刘庄大怒之下，遂将阴丰斩首。

阴就及其妻子也没有逃脱责罚，毕竟，他只是阴丽华同父异母的弟弟，且皇帝历来就看不惯阴就的所作所为，遂令其自杀而亡。同时阴丰之祸，还让其族人遭受鱼池之殃，刘庄下令将阴氏一门子弟的爵位尽数废除。

阴氏一门轰然倒塌，一个左右东汉后宫局面的人物便趁机粉墨登场，她就是马氏，亦即以后汉章帝的母亲，汉明帝的皇后。鉴于阴丽华伤心过度，身体境况每况愈下，刘庄便遣马氏照顾太后。

马氏自从与刘庄成婚以来，贤妻良母的形象便日渐深入人心。刘庄对其甚为满意，甚至在继位之初便想册立其为皇后。但最终只是封其为贵人，原因在于：一方面，马氏之父马援受梁松陷害，至此尚未平反；另一方面，则是皇后册立需要寻求太后阴丽华的同意，然阴丽华此刻正卧病在床，刘庄实在不便开口。

在马氏的精心照料下，阴丽华得以康复，马氏也因其贤德美丽，深受阴丽华的喜爱。此外，马氏因考虑到刘庄子嗣有限，便

以大度之心向刘庄引荐美女，尽心尽力，唯恐疏忽怠慢，不存丝毫妒忌不平之心，这在很大程度上赢得了刘庄的信任。

永平三年（60）正月，阴丽华首先进言，要求册立马氏为后，百官宫闱皆表同意，刘庄亦早有此意。二月十九日，马氏顺利被封为皇后。其子刘炟也顺利成为太子。

刘炟虽然称呼马氏为母后，但他并不是马氏的亲生子嗣。马氏一生无子，成为其最大的隐痛，刘庄亦深感惋惜。永平元年（58），贾贵人诞下刘炟，刘庄认为他是在永平元年得的第一个儿子，故而相信刘炟乃上天所赐龙子。溺爱之下，刘庄特将刘炟交付马氏养育。

阴丽华病重期间，马氏想尽各种办法，以求阴丽华早日康复。急切之间，她便想到将自己的养子刘炟带到宫中，为深宫禁苑提供一丝生气，相信太后看见刘炟，势必会心情大好，身上的病不治自愈也不是没有可能。

正如马氏所料，刘炟在太后身前表现甚好，充分显示出其作为皇子的聪明灵巧，深得阴丽华的喜爱。阴丽华因此病愈如初，刘庄龙颜大悦，对马氏及其养子刘炟更加恩宠。一时之间，刘炟可以说是集万千宠爱于一身。

因此，在马氏成为皇后之时，刘炟亦被册立为皇太子。刘炟因为一直没有被允许和其生母贾贵人见面，所以不知晓马氏是其养母。他能顺利成为太子，一方面是由于时机得当，另一方面则是子凭母贵，马氏对刘炟视若己出，而皇上、太后爱屋及乌，皇太子之位自然非刘炟莫属。

明章之治完结

永平十八年（75），汉明帝刘庄逝世，享年四十八岁。刘炟继位，是为汉章帝。

刘炟本是个书生，工于书法以及儒家经典，称呼其为“书生皇帝”亦不为过。历来皆有人认为，书生即是软弱无能、极好意气用事之人，因而用之于国家，则必为国之祸患。登基成为九五之尊的刘炟，又会是怎样一个皇帝呢？

历史证明，只要能够充分利用自己所学，因循时势，书生也未必就是百无一用之人。

刘炟自小便学习儒家经典，儒家思想对他现在的抉择以及以后的施政，都产生了巨大影响。他亦希望依靠“礼治”“德治”思想教化百姓，慑服蛮夷。

国策既定，经过皇帝的仁治，天下得以舒缓一口气。即便如此，皇帝仍然时时自危，如此治理天下，真可说是“战战兢兢、如履薄冰”。孤立无援的皇帝，深感需要有人来辅佐自己。因此，刘炟坚持不拘一格选拔人才的策略，不以出生高低贵贱作为评判人才优劣的标准，他还命令太傅、郡国守相等人推举人才，并采取举孝廉的方式，找寻人才去补充县令、郡守等官职。最后，他还特别命令把上林中的池沼禁苑田赋分给贫穷的人。

经过不懈努力，刘炟勤政爱民、虚怀纳谏的仁君之名得以千古流传，彻底改变了其父亲刘庄在位时的铁血政策。人民重新得以休息，沉重的税赋、徭役得以减轻，天下千万百姓有感皇帝恩德，浩荡天恩，赞叹不已。一时之间，天下归心。

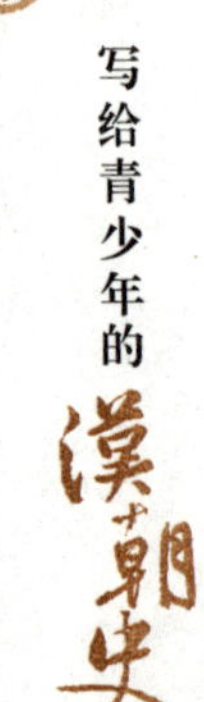

章和二年（88）二月，汉章帝驾崩于章德前殿。

汉章帝刘炟死后，在皇后和窦宪的扶持下，年仅十岁的刘肇登上大位。废太子刘庆早就做了清河王，即使他有君王之志，谋逆之心，也只能望河兴叹，因为窦宪和窦皇后兄妹的权势太大，捏死他区区一个王爷，如同捏死一只蚂蚁那样简单。但是多年以来，刘庆和刘肇也算是交心深厚，在不断的交往中，他越来越看不透这个被人强制改变命运的兄弟刘肇了，并且渐渐意识到刘肇此子也非池中之物。他只能等待，等待着给予窦氏家族一击致命的时机。可是这个时机，真的会到来吗？

刘肇继位，窦皇后顺理成章地成了太后，其兄长窦宪则做了辅政大臣。一时之间，不仅皇帝被他们视为手中的玩物，即使整个江山，也几乎要改名换姓了。

他们为了更加稳固地控制刘肇，不惜擅自改动刘炟的遗诏，徙西平王刘羡为陈王，六安王刘恭为彭城王离京，同时大力调整人事，封黄门侍郎窦笃为侍中、虎贲中郎将，窦景、窦瓌为中常侍，共同入宫参典机要。不久，又将刘炟在世之时最为要好的兄弟刘党撵出京师洛阳。

群臣早就怀疑此诏书的真实性，刘炟在位之时，何等爱护亲人，让诸王都留在京师，何况是自己最为亲厚的兄弟刘党呢？可惜此刻的朝堂，虽然官员众多，却要么是窦宪的爪牙，要么是明哲保身、害怕引火烧身之人，就连一向忠义正直的司徒袁安与司空任隗，也只能扼腕叹息。

刘炟之死，实在太过突然。窦皇后身在后宫，对其病情自然是了如指掌，因此，才能够在皇帝刚死时便掌握了先机，杀他们一个措手不及。而以司徒袁安与司空任隗为首的文武官员，则因为准备不足，成千古恨。

汉和帝刘肇继位后，随着年龄增长，越发感觉自己孤苦伶仃，无依无靠。汉室大权全数落入窦氏兄妹手中，明章之治，这一可以堪称东汉最为伟大的黄金时代结束，随即，外戚政治粉墨登场。此后的一百多年中，窦、邓、阎、梁等家族相继控制东汉的朝野，致使一幕幕宫廷悲剧不断上演。

【专栏】

白马驮来佛经佛像

一日，明帝刘庄与群臣收到西北战报，言及窦固所领大军在西北战场上大胜。消息传来，举国欢腾。刘庄认为自己必将成为千古明君，受万世景仰。当晚，刘庄单召班固入朝觐见。此时班固正在全力写就《汉书》。此次召见班固，刘庄就是希望一向刚正不阿的班固能够为其此次功业，写上浓墨重彩的一笔。

当明帝问及班固将如何记述其功过时，班固只答如实记述。再次试探之下，明帝见其无大肆渲染自己功绩之意，遂让人赏赐，也算是留下人情。是夜，刘庄夜不能寐，对自己一生之功过反复考量，最终难以得出结果，不知不觉之间，酣然如梦。梦中刘庄忽见一个身高一丈六尺的金人，身上放着光芒，从空中飞进了宫殿。

次日，刘庄在大殿之上，向群臣问及此事可是有何意指。傅毅上前来，欣然答道："周昭王时，有一年山川震动，江河泛滥，晚上西方天空现出五色光华。太史苏推测，这当是一位大圣人在西天诞生。这位圣人降临人间只为救苦救难，其信义，于一千年后就能传入我国。屈指算来，那时至今将近千年，陛下梦到的金人，大概就是这位圣人。据臣所闻，现在西域有位神人，其名叫'佛'。陛下梦见的必定是他。"

傅毅好友、明帝宠臣耿秉听闻，告诉刘庄，自己与一位得道高僧摄摩腾颇有交情，此刻他已经返回西域大月氏。陛下可以让人西去拜谒，正好此时西域已经贯通。

刘庄听后兴趣大增，于是选派博士弟子秦景等十二人，择黄道吉日，前往西域寻佛求法。他们沿洛水而上，向西行去，到达

大月氏后，只见大月氏举国上下，寺院众多，宝塔林立。秦景等人随即采买大量佛像佛经等物。采买完毕之后，忽见摄摩腾与另一高僧竺法兰早已经等在那里，秦景诸人尚未说明，他二人便已经知晓其来意，并愿意随其东来，借帝王天威，弘扬佛法。一时间，东来寻求佛法的人，都视摄摩腾等为神人。

因为两位高僧来前住在大月氏的鸿胪寺，“寺”之名，也是当地居民所称，故而后世相传，僧院都称作“寺”。秦景等人归来之时，大部分佛经、佛像都是由一匹白马跋山涉水背负而来，故刘庄特命将寺院命名为“白马寺”，以慰白马之功劳。

当然，以上都取自古代传说，真实与否现今难以考证。但佛教从东汉时进入中国，并在南北朝以后日益兴盛，则是不争之事实。并且佛教在以后的中国历史上，逐渐占据重要地位，与儒家、道家一起，成三足鼎立之势，充实着中国人的精神世界。

第二章 你方唱罢我登场

窦宪伐北匈奴

外戚政治的唯一基础是皇帝年幼。如果皇帝成年，已经能够临朝断事，皇太后就无法掌握他，太后背后的外戚也会失去权柄，所以拥立幼儿是外戚掌政的第一步。

窦太后在利用假诏书逼走刘肇的几位叔叔，又擅自任命自己的亲信担任朝廷的高官要职之后，以皇帝年幼为理由，临朝听政，和窦宪一起，总揽朝政。

刘炟死后，窦太后还很年轻。况窦太后自诩佳人，却无人可以给自己慰藉，不免伤感落寞。

窦太后之寂寞，一半是因为皇帝走后，自己无人问津；另一半则是窦太后自己的原因。早年窦太后就曾和郭举在宫中亲密相处，后来因为被宫女太监发现，刘炟亦过问此事，窦太后不得已将郭举遣送出宫外。

如今风声日紧，郭举不能够重新入宫。在邓元等人的协助下，窦太后终于找到了她的“如意郎君”，这个人便是都乡侯刘畅。

刘畅此人，风流倜傥，宛然一个翩翩佳公子。他之所以愿意做窦太后的“如意郎君”，一来是因为他风流成性，窦太后年不及三十，魅力十足，正好满足他的欲望；二来是因为窦太后权势滔天，只要他征服了窦太后，权势地位还不是手到擒来。

窦太后一见刘畅，当即钟情于他，此后二人不断在宫中做出

一些不堪之事。先帝尸骨未寒，太后如此作为，宫中虽然有人知道，也只能忍气吞声。时间一久，窦宪也发现窦太后有些不一样，自己过去的计划方针，无论是什么，窦太后都会全力支持。可如今，自己几次三番进宫，都会被宫女太监挡驾在外，自己的奏章也有很多都石沉大海。

直到有一日，窦宪强行入宫，撞破二人的好事，一时之间，愤怒不已。开始之时，窦宪对自己这位妹子还颇为理解，多次派遣自己的亲戚前去陪窦太后聊天解闷。对于刘畅之事，也只是劝解几句。可是之后自己的建议大多得不到允许，窦宪心生疑惑，细查之下，才知道自己上奏的事情，窦太后都要问过刘畅才给予答复。

如此作为，不是摆明了要分窦宪的权吗？

是可忍孰不可忍？窦宪终于行动了。一日，他趁着太后不在宫中的机会，派人入宫刺死了刘畅。临走时，还不忘留下所谓的证据，诬陷此事是刘畅的弟弟利侯刘刚所为，并派人审问刘刚。

窦太后对这一切洞若观火，出于愤怒，窦太后命自己的亲信彻查此事，最终各种证据也都直指窦宪。窦太后虽然查出了真凶，却也只能将窦宪关在内宫之中，让他自我反省。因为她明白，窦氏一族的繁荣，单凭自己一个人在后宫的力量，远远不够，必须依靠窦宪，才能保持自己的地位稳固。刘畅充其量只是自己的一个男宠，之前自己为其美色所惑，对其百般依赖。但今时不同往日，只要大权在握，天下美男，还不是任自己索取。

当然，此事过后，窦太后的个人作为还是有所收敛。而窦宪，心中的理想则在暗自增长，催促他开始行动起来。这就是对于北匈奴的战争。

永元元年（89）冬十月乙亥，朝廷以侍中窦宪为车骑将军，伐北匈奴。

窦太后带领太子，亲自来到洛阳郊外的祭祀台上为自己的这位兄长壮行，祈求上天赐福于大汉，让汉朝将军窦宪能够得胜归来。

这一次窦宪出击北匈奴，一则是为了实现自己多年以来的愿望：做一名与卫青、霍去病一样的民族英雄，扬名朝野、流芳百世；二则是为了能够戴罪立功。前面提到刘畅因为与窦太后有染而被刺杀，开始时窦宪还诬蔑是刘畅的弟弟刘刚所为，但最终还是没能瞒过窦太后的法眼。

窦宪的罪名一坐实，窦太后便陷入了两难的境地。不惩办窦宪无以正法纪，百官难免不服，群臣势必非议。依法办理的话，窦宪便犯下了杀头大罪，窦太后当然不能够自掘坟墓。思虑良久，窦太后只能暂时将窦宪幽拘在后宫禁苑之内，一有时间，窦太后便会前去看望和安抚自己的这位兄长。直到窦宪说出自己想征伐北匈奴的愿望，窦太后当即大喜，只要能够打击北匈奴，窦宪不仅能够得偿所愿，还能够戴罪立功，实在是件两全其美的事情。

当时，匈奴分为南北两部，南匈奴亲汉，北匈奴反汉。南匈奴在对北匈奴的战争中，历来都是败多胜少。南匈奴一直希望能够借助汉朝的兵力，重新夺回自己失去的一切。这也是窦宪出兵的原因。

朝廷除了任命窦宪为车骑将军，还为其佩金印紫绶，比照司空规格配备属员。同时以执金吾耿秉为副将，发北军五校、黎阳、雍营、缘边十二郡骑兵及羌胡兵出塞。

当窦宪等人率领八千骑兵到达塞外之后，向北而去，一路都没有发现北匈奴的踪迹。此番可算是孤军深入，幸好有南匈奴在粮草资源上的支持，才没有导致汉朝大军粮草危机的发生。但是窦宪和耿秉都知道，这样下去终归不是长久之计。汉朝和南匈奴联军的当务之急，就是尽快找到北匈奴的大军主力所在，谋求与之决战。

为了扩大搜索范围，汉军派出了大量的探子，和南匈奴的探子一起，乔装为牧民北上，希望能够尽快找到北匈奴大军的影子。同时汉军将联军一分为五，从朔方鸡鹿塞出兵。不久，南单于屯屠河手下的探子终于发现了北匈奴大军的踪迹。

原来，北单于早就接到前方的战报，知道汉军和南匈奴大军结盟，向自己紧逼过来。迫于无奈，北匈奴只得向后退却了数百里，一则是防止汉军和南匈奴军队的偷袭，二则是希望汉军和南匈奴军队能够见到自己暂时无意南征的意图，只求偏安一隅。

北单于料想自己这一番退步，无论是南单于还是汉朝皇帝，都不会再劳师远征。可惜他想错了。汉朝与南匈奴的联军穷追不舍。于是，北匈奴大军再次向北撤离，这一次，他们直接撤了一千余里，搞得汉朝和南匈奴联军不知道他们去了哪里。

一时之间，汉军陷入了粮草短缺、远离故土的窘境，面对如此危局，窦宪等人又该如何应对呢？

分而治之

此番征伐北匈奴，是耿秉第二次深入草原作战，虽然他只是副将，却深得窦宪的信任。窦宪见大军进退维谷，军中将士多有回返之意，只能向耿秉咨询下一步的方向。

耿秉建议大军继续北进，同时加紧派出更多的探子，以搜集战略情报，找到北匈奴主力。窦宪闻言，心怀大畅，不禁感慨道："耿秉之见，诸将不及也！"于是，窦宪和南单于商议，继续分开向北进军，同时保持各方的信息通畅，大军队形也需要保持犄角之势，以备在遇上敌军偷袭之时，可以互相驰援。

北匈奴此刻也意识到，汉军即使不撤退，自己也不能再往北走了，一旦秋天过去，百草萧瑟，牧民的牛羊马以及大军的战马都只能饿死，到时就真的会全军覆没。因此，只有南进，在最短的时间内，找到汉军，才能趁自身士气旺盛、战力未衰之时，一举攻破敌方联军的围困之势。

连日下来，汉军又向北进军了五百余里，但始终没有看到北匈奴大军的踪迹，军中将士大多生出退却之心，窦宪见此，亦不免忧心忡忡。耿秉见状，急忙向窦宪进言，暂时命令大军停止进军。耿秉考虑到，汉军行了这么久，应该就快要和北匈奴的大军交锋了，如果此时联军任意一部遇上北匈奴，都难以保证必胜；即使是胜利，也只会“杀敌一千、自损八百”。因此，当务之急是将大军合为一部，才能够在遇上北匈奴大军之时，保证自己军队的绝对优势。

窦宪闻言，觉得很有道理，于是即令属下向大军各部传递将令，让他们快速向中军收缩，会师一处。与此同时，窦宪还派出副校尉阎盘，司马耿夔、耿谭率左谷蠡王师子和右呼衍王须訾等一万精骑为先锋，以策应主力大军的安全。不久，几路大军在涿邪山会师。

当大军进至稽落山地区时，与北单于统率的主力部队相遇。主将一声令下，大军就如潮水般向北匈奴奔去，激战之下，汉军大败北匈奴军。北匈奴军溃散，单于趁乱遁走。杀得眼红的汉军一直追至私渠比鞮海，斩杀匈奴单于以下一万三千人，获马牛羊等百万多头，温犊须、温吾等八十一部归降，前后共有二十多万人。窦宪、耿秉等将领登上燕然山，中护军班固为其刻石作铭，记述其丰功伟业，流芳百世。

此刻，北匈奴已经元气大伤，难以翻起什么大浪，于是窦宪派出了吴汎、梁讽携带金帛去招降北单于。招降途中，吴、梁二人又收降一万多人。追上北单于后，吴汎向他宣明汉朝的威德，并赐以金帛，北单于于是决定做汉的藩属。在北单于的带领下，北匈奴残部便随吴汎等率众东返。

北匈奴已经臣服，按理说，窦宪和窦太后现在应该坐享其成就行了，可是善于权谋的人，是不会甘于寂寞的。因此，窦宪又找到了出兵匈奴的理由。

在窦宪率军击溃北匈奴之后，北单于派遣其弟右温禺鞮王奉奏向朝廷进贡。时隔一年之后，窦宪提出，北单于只派遣其弟弟入朝，却没有亲自前来，明显是对向汉朝献降没有诚意。在窦宪的操作下，窦太后再一次答应了他要北击匈奴的要求。

永元二年（90）五月，窦宪派副校尉阎盘率两千骑兵进击屯驻于伊吾卢地区的北匈奴军，旋即将北匈奴军击破，占领了伊吾卢地区。车师前后王均遣子入侍，也就是派出质子到洛阳以表示对汉朝的臣服。

同年七月，窦宪率军出屯凉州，统辖陇西、汉阳、武都、金城、安定、北地、武威、张掖、敦煌、酒泉等郡兵马，并以侍中邓叠为征西将军，做自己的副手。

北单于见其弟右温禺鞮王被汉朝送回，知道汉朝有责怪之意。为了避免战争，他急忙派出使者入塞通告，自己将准备亲自入朝。消息传到窦宪耳中，窦宪便派班固、梁讽前往迎接。

正在此时，南匈奴看到北匈奴依然对自己具备一定的威胁，特别是北匈奴一旦和汉朝交好，南匈奴在汉朝的地位就会降低。为了彻底控制大草原，南单于急忙上书请求出兵击灭北匈奴，继而命左谷蠡王师子等率领左右两部八千骑兵出鸡鹿塞。南匈奴军兵分两路，向北挺进，两军会合之后，乘夜包围了北单于本部。此刻汉廷尚未反应过来，待到木已成舟，汉廷也只能隔岸观火。

北单于见自己陷入南匈奴大军的重重包围，心下大惊，亲自率精兵千余人与南匈奴军激战。北单于负伤落马，又慌忙爬上马去，最终仅率轻骑数十余人逃遁而去。南匈奴军缴获了北单于的玉玺，俘获其阏氏及儿女 5 人，斩首八千人，俘虏数千人。至此，南匈奴终于改变了过去一直被北匈奴打压的困境，变得相当强盛。

永元三年（91）春，北匈奴遭南匈奴打击后，衰弱已极，窦宪于是想彻底将北匈奴击灭。这年二月，窦宪派遣司马任尚和左校尉耿夔为先锋，率军出击延塞，出其不意地将北单于部包围于金微山，耿夔所部几乎不费吹灰之力，便大破北匈奴军，俘获北单于之母，斩王以下五千多人。尽管如此，在族人的竭力保护之下，北单于还是逃走了，从此不知所踪。此次耿夔携任尚率军出塞五千多里，最终大胜而归。这是自汉代出兵以来，最远的一次进军。朝廷为表彰耿夔的功勋，封其为粟邑侯。

驻于蒲类海地区的北单于弟右谷蠡王于除鞬、骨都侯以下数支人，见北匈奴单于大势已去，遂遣使者入塞，希望能够保存北匈奴最后一丝血脉，为大汉朝拱卫边境。窦宪闻言，当即应允，遂上书，请立于除鞬为北单于。朝廷允诺。

永元四年（92），朝廷诏命耿夔出使北匈奴，并授北单于于除鞬玺绶，与南单于同等对待。至此，汉朝终于实现了窦宪和其妹窦太后既征服北匈奴，又让其与南匈奴分而治之的战略企图。

山雨欲来风满楼

永元四年（92），汉朝十三个郡国发生地裂灾祸，且大旱、蝗灾频频发生。俗话说，“国之将变，其必有妖”。这一切似乎都在预示着，大汉朝就要变天了。

说起来，窦太后和其兄窦宪，一个主内，一个主外，将东汉王朝治理得井然有序，国家蒸蒸日上，这一点任谁也不能抹杀。当然其中的忠奸善恶、是非曲直，我们也只能从史书上的记述去猜测，但是谁也不能排除，撰写史书的人，会出于对政治和前途的考量，使所记述的事情有所失真或者夸大。因此，判断其功过是非，需要理智的头脑。

窦太后和她哥哥不一样，她虽然喜欢权力，但要她废黜帝位而自居，她却也是万万不敢的。因为她知道，一旦自己这样做，那么不管是支持自己的还是反对自己的士大夫阶层们，都会将矛头指向自己这个大逆不道之人。

但是看着和帝刘肇日益成长，心性也逐渐成熟，窦太后不禁担心，有一天刘肇势必会重新夺回天下和军政大权，临朝亲政。然而自己的所作所为，实在是难以保证在刘肇亲政以后，后宫大权不失。因此，她便在力所能及的范围内，百般节俭。曾经刘肇

让人给濯龙园装修，以求让窦太后能够欣赏到一个幽静美丽的后花园。窦太后见后，没有半点欣喜，而是语重心长地向刘肇陈述穷奢极欲的害处：国家刚刚经历了一场大战，国库空虚，民间百姓的生活也一日不如一日，身为人帝者，不仅需要时刻想到国家的安危，更要从自己做起，不做大兴土木的事情。她这么做，其实也只是为了做做样子，以求得自己养子刘肇的敬重。

而窦氏一门，原本就目无王法，到了窦宪立下不世奇功之后，窦家更加无法无天，窦宪也越发骄横跋扈。仆射乐恢上书窦太后请求对窦宪加以管束，窦太后不仅不理睬，反而大肆包庇自己的哥哥窦宪，结果乐恢被窦宪逼迫自杀。

窦氏家族一时势不可当，残害百姓、败坏吏治、无恶不作。对外，虽然窦氏远驱了外虏；对内，窦氏兄妹则成了窃取国家的大贼。司徒丁鸿曾上疏言道：“夫天不可以不刚，不刚则三光不明；王不可以不强，不强则宰牧纵横。宜因大变，改政匡失，以塞天意。”

可见窦太后和窦宪的倒行逆施，刚愎放纵，早已引起了一些正直朝臣的不满，就连上天也降下灾难。因此，许多人认为，窦氏一门所作所为已然惹得天怒人怨。

窦宪也意识到，窦太后一直对自己所做的事情担惊受怕，同时，随着刘肇年纪的增长，其见识和阅历当然也水涨船高，终有一天，刘肇会威胁到窦氏一门的现有统治。思考良久，窦宪悍然决定，以自己如今的权势特别是军权，取而代之也不是不可能的事情，只要暗自灭了刘肇，再随意编织一个理由，要堵住天下悠悠众口也是很简单的事情。

谋朝篡逆之事切忌拖延，因为时间越久，暴露的可能性就越大。所以窦宪便快速与女婿郭举及其父、部下邓叠及其弟等共同谋划，企图杀害刘肇，篡汉而代之。此刻的窦宪，敢仅凭借自己的势力，不借助窦太后在后宫的力量，就发动政变：一则是出于他长久以来权倾朝野的自信，其内心已经膨胀至极；二则是他对于刘肇和支持他的势力认识不足。他不知道，此刻刘庆已经得到刘肇传来宫廷危急的消息，正和刘肇在一起商议对策。

刘庆之母宋氏就是死在窦氏兄妹手中，刘庆从小就在钩盾令郑众的点化下，韬光养晦，立志为母亲报仇。于是借着进京朝见天子的机会，刘庆向刘肇分析了利害。刘肇亦是聪明之人，对于自己的处境也深有了解。此外，二人从小就关系不错，可以说皇室宗亲里面，刘肇最为信任的人就是刘庆了。刘庆分析，窦宪等人终不是甘心久居人下之辈，虽然实际上他已经掌握了天下兵马大权，但是人心不足蛇吞象，他不会就此满足的。因此，刘肇和刘庆一致决定，趁窦宪还没有动手，先下手为强。

一场惊天巨变即将发生。

剿灭窦氏乱党

刘肇久居深宫之中，一年到头也难得出去一次，因此，清河王刘庆就显得旁观者清了。刘庆认为，目前局势已变，皇帝可以依靠的臣属，大多是那些平时经常和窦宪作对的人，例如司空任隗、司徒丁鸿等人。听闻刘庆此言刘肇大喜，遂决定召司空任隗、司徒丁鸿二人进宫面圣。刘庆闻言，急忙劝阻。他分析到，如今窦宪在朝朋党众多，一旦皇帝召司空任隗、司徒丁鸿入宫，势必会引起窦宪的警觉。刘肇闻言，深感忧虑。刘庆又说道，自己年少之时，母亲被害，一时伤心过度，差点做出错事，幸好有一忠臣为自己开解，他才得以苟全性命于乱世，最终闻达于诸侯。

刘肇忙问那位忠臣是何人，刘庆笑道："他就是钩盾令郑众。此人历来忠于我大汉皇朝，对于陛下也是忠贞不贰，有他相助，大事可期！"刘肇于是决定向郑众求助。

郑众为人忠诚可靠，处事谨慎机敏，心机很深。在窦氏兄妹为祸汉廷、把持朝政的这一段时间内，郑众一直在后宫之内游走，培植自己的势力，确保一旦宫廷有变，可以让这些势力为自己所用。同时郑众也和刘庆保持着联系，为免刘肇在思想上被窦太后控制，也在暗中向刘肇告知了其身世。

刘肇见到郑众，本想做一番测试，看看郑众是否如刘庆所言。但转念一想，自己如果这样做，一则刘庆会怨愤自己不相信他，二则他也很欣赏郑众，不希望郑众在为自己办事之时，还心存顾虑。于是，刘肇直截了当地向郑众说出了当前的局势，并且旁敲侧击地向郑众表明了自己欲要亲政的想法。

郑众一听便明白了皇帝的心思，急忙说道："当今天下，虽然名义上姓刘，但实际上是掌控在窦氏家族手中，此番窦宪欲要自立，必定会首先谋刺皇上；而皇帝要独立，也必定需要首先除掉窦宪。此事，宜早不宜迟，先动手者可以尽得先机，后出招者必会处处受制。"

郑众此言一出，正中刘肇的心思。二人商议，当前窦宪不在京师，而是驻扎在外，朝中重臣多为窦氏一门及其党羽。因此，此事还需要从长计议，不可擅动，以防窦宪拥兵自重，率军叛乱。

当此之时，窦宪依然没有察觉到刘肇欲要灭杀自己的心思，不是他大意，而是今日的朝廷，窦氏一门早已经根深蒂固。没过多久，他就从自己的驻兵之地回朝，图谋大举。不过他不知道的是，此时的深宫之中，一张大网已经悄然打开，正等着窦宪自投罗网。

刘肇听闻窦宪归来的消息，心中忐忑不已，一整夜没有合上眼。第二天清晨，刘肇便听从郑众的建议，下诏让大鸿胪持节到郊外迎接，并按等级赏赐军中将士，以安其心。同时刘肇命郑众召集司空任隗、司徒丁鸿等人，让他们带兵把守几大宫门，只待窦宪一入皇宫，便来个瓮中捉鳖。

此时，窦太后察觉到时局有变，于是准备出去向自己的兄长窦宪通风报信，但是刘肇早就命人把守住了宫门，窦太后几番派出去的人手都是有去无回。窦太后心中焦急，但也只能在宫中祈祷，希望自己担心的事情不要这么快就来临。

及至窦宪入了洛阳城之后，城中守将急忙关闭了城门。但窦宪入宫后，才发现宫中早已不是自己去时的模样，特别是整个皇宫之内，充斥着一股冲天的杀气，而且守卫宫门的士兵大多非自己的人。即使如此，窦宪依然一笑置之，他始终相信，以自己的权谋武功，刘肇是断断不敢在太岁头上动土的。

大鸿胪将窦宪等人一路引到刘肇的宫门之前，刚一跪下，四周便冲出数百甲士。此番入宫，窦宪并没有率领自己的亲卫前来，只带了手下一干将领一起来朝见皇帝。窦宪等人一见此种阵仗，心中没有半分准备，纷纷束手就擒。

经过彻查，窦宪谋反之罪证据确凿，不容置疑。其手下朋党均被逮捕，不久便被诛杀。同时刘肇下令幽禁了窦宪，并命人解除其大将军印绶。

为稳定窦宪所部军心，一时之间，皇帝还不能就此斩杀了窦宪。商议之下，刘肇决定封窦宪为冠军侯，与窦笃、窦景、窦瑰等人都被遣回封地。不久，窦宪等人被迫自杀身亡。窦太后闻讯，知道大势已去，遂命人紧闭宫闱大门，不与窦氏族人相联系，以免受了牵连。

直到此时，窦太后尚自以为，刘肇不知道自己的身世。其实刘肇自四岁离开自己的亲生母亲，就在心里留下了一颗种子。他和刘庆一起玩耍之时，也时常会流露出自己思念母亲的情绪，等到自己的母亲被害死，他为求自保，只能暗自落泪。在表面上，他依然表现着对于窦氏的尊敬。当然，随着年岁日久，那颗种子在窦太后的努力下，最终没有生出仇恨，但是这并不代表他可以一辈子做个傀儡，任人鱼肉。

刘肇一向最为敬佩自己的父亲刘炟，力图做一个孝顺之人。因此，对于窦太后，特别是她的养育之恩，他还是比较感激的。即便如此，窦太后再也不能和往日一般肆无忌惮了，自己的娘家人犯下谋逆大罪，即使自己没有参与，也有管教不严之责。因此，此后的窦太后便身居后宫，唯恐刘肇会在某一天“知道自己的身世”，杀了自己。

此番刘肇之所以能够成功剿灭窦氏乱党，一是因为窦氏一门的所作所为早已引起了天下共愤，群臣百官中有很多人支持皇帝亲政；二则是因为谋划严密，选才任人得当；三则是因为整个围捕过程干净利落，没有一点拖泥带水，全面出击之下，兵不血刃便平息了这场未开始实施的叛乱，并且在最大程度上降低了伤亡，避免了王朝内部相互争斗而引起国力衰退。

此次刘肇所展现的机智和敏锐、干练与稳重，不得不让人叹服。

刘肇废后

汉和帝刘肇尽心竭力地想将国家治理好，重振刘氏伟业，但是东汉王朝的命运似乎冥冥中自由天定，逐渐走向了黑暗的深渊。而刘肇就是为其埋下众多伏笔的人。

首先，是宦官的崛起。

皇帝跟外戚斗争，必须获得别人的支持。而皇帝长于深宫，无法与外边互通消息，于是宦官就成了皇帝的倚靠和助力。刘肇铲除窦宪，依靠的主要是宦官郑众。窦氏衰落之后，郑众凭借功劳，其威势大增。于是自郑众开始，宦官的权力越来越大。

其次，则是班超经营多年的西域丧失。

早在刘庄在位之时，班超便投笔从戎，跟随当时的大将军耿恭南征北战，最终靠着自己的三寸不烂之舌，带着三十六个随从，征服了西域各国。

西域各国之所以臣服汉朝，主要有三个方面的原因：一是汉朝政治清明、经济良好、军事强大；二是北方强大的匈奴政权的瓦解和臣服，使得汉朝在西域地区没有了竞争对手；三是出于对班超个人魅力的敬服。

可以说，这三个方面缺一不可。刘肇执政后期，东汉国力下降，班超也退休回到洛阳。将领任尚接替了班超西域都护的位置，任尚之为人勇武有余，谋略不足，在他和班超交接官印之时，班超就对任尚说："塞外的情形可谓是鱼龙混杂，而你的性情太过严正。太清澈的水中没有大鱼，太严格的要求会失去团结。我的意思是，你只需要总揽大纲，不要挑剔小节，对他们的小过错更应该尽力宽恕。"

任尚对其言语不置可否，在其掌权期间，一改班超在西域的施政方针，只四年时间，任尚就激起西域所有国家叛变。至此，西域各国再也难回复到班超管理之时的状态。且汉朝内部纷争不断，无暇他顾，最终丧失了对西域的掌控。

最后，刘肇是在后宫皇后大位的变迁中，使得国家变乱，外戚政治又一次登上汉朝的政治舞台。

刘肇本来有一个皇后阴氏，但后来却又改立邓绥为后，这又是为何呢？

永元八年（96），阴氏做了皇后，同年邓绥入宫。邓绥一入宫，其绝世的容颜便倾倒了众人，汉和帝刘肇自然也不例外。刘肇一眼就看中了邓绥，此后便甚为宠幸，次年便被封其为地位仅次于皇后的贵人。这年，邓绥才十六岁。

刘肇如此宠幸邓绥，当然会让阴氏觉得自己的地位正在被动摇。因此，每次邓绥都会相让于皇后，恭肃小心，动有法度。邓绥和阴氏都没有子嗣，邓绥见此，忙向皇帝推荐别人，以便让皇帝能够早得龙子，承继大业。刘肇见邓绥如此为汉室着想，不禁对她格外高看。

随着邓绥德名日盛、声誉日隆，皇后阴氏日益感到自己再不出手，怕是这皇后大位就要拱手让人了。阴氏决定，以巫蛊妖法去诅咒邓绥，这当然没有什么效果。到了永元十三年（101）夏，阴氏见皇帝病危，便想趁机向邓绥暗下毒手。幸好邓绥在宫中颇有人缘，连皇后身边的小太监也感到阴氏过于阴毒，于是便悄悄地将这个消息传到了邓绥的耳中。邓绥听闻，吃惊不已，再看皇帝，已经病入膏肓、命如游丝，此番皇上如有不测，自己难免会遭受杀身灭族之祸。皇后独掌大权，难免会重蹈窦氏兄妹之乱。念及此，邓绥顿时冷汗如雨，便扬言要自杀以报皇恩。邓绥此举，可谓高明之至，一旦皇宫有变，她自杀之举兴许会换来百官的同情，可免遭祸患。如果皇帝病愈，她可以获得一个好名声，贤德之名更加远扬。当然，邓绥最终没有自杀，皇帝刘肇也病好如初。

刘肇病好之后，得知邓绥被逼得险些自杀，心中不免对阴氏不满。阴氏身边之人也对她很不满，不久，皇后行巫蛊之术的事情便传到了刘肇的耳中。刘肇闻言，心下大怒，急忙命人彻查此事。

永元十四年（102）夏，因皇后行巫蛊之事证据确凿，遭到废黜。阴氏被废后迁于桐宫，最终忧惧而死。当年冬天，邓绥被册立为后。

元兴元年（105），年仅二十七岁的刘肇病逝，其后人要么患有笃疾，要么夭折殒命，继位的刘隆（后来的汉殇帝）也年仅百日，未脱襁褓。邓绥顺理成章地临朝听政，掌握了国家的实际权力。邓氏家族随即成为又一个窦氏，外戚力量再一次崛起。

和帝亲政，天下归心

扫平外戚势力之后，汉和帝刘肇得以临朝亲政。首先，刘肇就对这次平叛事件的诸多臣属论功行赏。特别是郑众和刘庆，通过此次事件，甚得刘肇的信任。刘肇赏赐了刘庆大量钱粮，恩宠之深厚，一时没有第二个皇亲国戚可以与之相提并论。郑众则被任命为大长秋。

大长秋一职，乍看之下名不见经传，细细思量，才知道这一官职实则是皇帝近侍官首领，非皇帝亲信不得充任，主要负责宣达旨意，管理宫中事务。

在封赏功臣的同时，刘肇也开始大力革新国家政策，逐渐实践着自己的政治抱负。永元四年（92）十二月壬辰，刘肇颁布诏令减土地税。后来，他又多次下诏，劝农耕。

通过这一举动，刘肇勤政爱民的形象便为人民广为传诵。但是，刘肇毕竟个人精力有限。在刘肇所依靠的几个重臣相继过世后，一时之间，朝堂上可用之人变得越来越少。为了解决这一问题，刘肇特别颁布了一纸诏令，责令选贤任能。

可以看出，和帝刘肇实在不失为一个年轻有为的英明圣主。他在平定窦氏乱朝之后，积极支持班超在西域的斗争。不久，班超大破焉耆，西域降附者五十余国。同时他又派遣著名将领乌桓校尉任尚领兵东北，大破南单于，收复辽东。

在刘肇小的时候，他便深谙为政之要，对于百姓怀有一颗怜悯之心，时常下诏赈灾救难、减免赋税、安置流民、勿违农时，同时，和其父亲刘炟一样，以宽和的态度对待罪犯。即使他知道窦太后的所作所为，并能够惩处她时，刘肇也没有采取行动，而

是对窦太后恩宠不减，直到她死后，依然力排众议，以“恩不忍离，义不容亏”为由，将窦太后谥为章德皇后。

和帝还一直坚持以民为本、任人唯贤，注重道德的教化作用，使得汉朝在他的治理下，整个国家与他的谥号“和”暗合，一时之间，大汉朝四海升平、海晏河清。

第三章 帝国的黑夜

邓氏戚族掌权

汉和帝刘肇本有许多子嗣，只是不知为何，大多数在很小的时候便夭折了。刘肇曾怀疑有人在宫中暗害自己的子嗣，但多次明察暗访，却没有任何结果。无奈之下，刘肇只能在孩子一出世之时，便将之抱到宫外由专人抚养。

刘肇病逝后，按照传统，继承皇位的应是长子刘胜，但刘胜自幼生有怪病，多年不愈，邓绥认为他不适合做皇帝，于是命人将刘肇少子刘隆从宫外寄养处寻回，立为皇帝，是为汉殇帝。邓绥成为太后，临朝听政。

邓绥被尊为太后之后，为了稳固统治，大肆封赏自己的族人。例如，她将自己的大哥邓骘从虎贲中郎将升为上蔡侯、车骑将军，位比三公，同时掌管了兵权，也就为其统治提供了强大的后盾；弟弟邓悝从黄门侍郎升为虎贲中郎将，与大哥遥相呼应；另两位兄弟邓弘、邓阊都晋升为侍中，于文官中也是显赫一时、地位尊崇的人物。

而邓绥的眼光之长远，在当时而言也是首屈一指的。她为了防备刘隆夭折，在刘隆登基之后，就全力搜寻一个既可以承继大业，又能够被自己控制的人。她找到了汉和帝刘肇的哥哥、清河王刘庆的儿子刘祜。

刘庆知道，自己有生之年，要想实现帝王之梦已是绝无可能，

眼下邓太后既然有亲近之意，自己的儿子说不定有一天能够实现自己的“君王之志”，所以刘庆便将自己十多岁的儿子送到邓绥的身边。当然刘庆也知道，自己的儿子要真正执掌大权，还需要与邓绥好好较量一番，但眼下自己势单力孤，还不能与邓绥交恶。

事也凑巧，延平元年（106）八月，仅做了八个月皇帝的刘隆，便悄然离世。邓太后在处理好善后事宜的同时，也在准备扶持新的皇帝继位。自刘祜入宫以来，对邓绥殊为恭敬和亲近，邓绥也对这个孩子生出一丝婶侄之间的情分。于是，邓太后当机立断，立自己的这位侄子为帝。此时刘祜为了避嫌，已然搬到宫外居住，于是邓绥命人连夜持太后节召刘祜入宫。年仅十三岁的刘祜就这样被拥立为皇帝，是为汉安帝，次年改年号为“永初”。

刘祜继位后，邓绥为限制自己的族人，让他们遵纪守法，专门向司隶校尉、河南尹、南阳太守等人下诏，让他们纠察邓氏家族的不法行为。

当时，司隶校尉是专门负责京师洛阳周边的治安的，尤其是负责纠察京师近郡犯法者；河南尹的官衙在洛阳，主要负责东汉京都内的大小事宜；南阳郡乃是光武帝刘秀的起家之地，同时也是皇太后邓绥的家乡，此地世家豪族林立，殊为难治。太后此举，明眼人一下就能看出来，太后是要限制豪强的势力，特别是约束邓氏族人。其间有一次，邓绥的兄长邓骘的儿子因为触犯了法律，就在其父邓骘的监督下自了首，受了髡刑。

邓绥之所以严于律己，并且对自己的族人也严加限制，是因为她早年熟读史书，深谙一个外戚大族的兴衰败亡之理。历史上窦氏一族，就是纵容自己家人嚣张跋扈，无法无天，才导致了举家之祸。据载，邓氏一门几乎是整个东汉最为贵宠的外戚，史称“凡侯者二十九人，公二人，大将军以下十三人，中二千石十四人，列校二十二人，州牧、郡守四十八人，其余侍中、将、大夫、郎、谒者不可胜数”，邓氏一族能够如此兴盛，与其恰当的政策是分不开的。

常言道，“欲要取胜于人，先要自己立于不败之地”，邓绥倚重外戚，却执政明达，无疑让想扳倒她的人望而却步。反观刘祜之才，实难与其叔父刘肇相提并论，何谈能够将大权从外戚手中夺回呢？加上他一向颇具雄心的亲生父亲于永初元年（107）冬辞他而去，他外部的支持力量也就更少了。

此消彼长之下，刘祜欲要亲政，实在是堪比登天的难事。

安帝的抗争

永初五年（111），安帝刘祜已经十九岁。此时的他，无论是心性还是思维，都已经完全成熟，但是在政治上，他依然没有什么出众的表现。这年九月，平望侯刘毅向安帝上书，请求为邓绥立注纪，使太后的功德不绝于世，这实际是让皇帝承认邓太后和皇帝有一般的地位。安帝此时不过是邓绥手中的木偶，朝臣有此提议，安帝自然不能也不敢反对。

此后，刘祜一直暗中观察，看哪些人忠于自己，哪些人是可用之才。不久，一个名为杜根的人进入了刘祜的视线。

杜根年少之时，有才之名便名满天下，岂不知他更是一个老实忠厚的人。永初元年（107）的时候，他被推举为孝廉，成为郎中。邓太后执政，权力集中在外戚手中。每念及此，杜根便觉得痛不可当，几次三番欲向皇帝进言，要他临朝亲政，都被其亲友阻挡。要知道当时邓氏一门权势滔天，杜根人微言轻，此举无异于是自取灭亡。

终于有一日，杜根忍无可忍，趁着太后邓绥不在皇宫的机会，走进了皇帝寝宫。皇帝久知其大名，只是碍于皇太后耳目众多，一直不敢和他亲近。此番杜根前来，刘祜早已经渴盼已久，于是准了他见自己。

杜根一见刘祜，立刻痛哭失声，并就自己欲要皇帝亲政的心

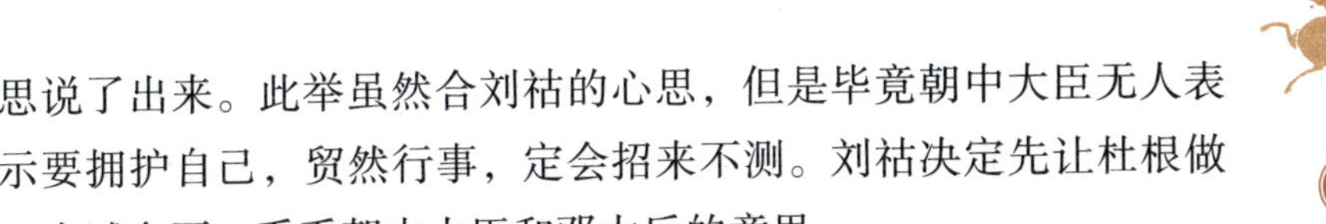

思说了出来。此举虽然合刘祜的心思，但是毕竟朝中大臣无人表示要拥护自己，贸然行事，定会招来不测。刘祜决定先让杜根做一个试金石，看看朝中大臣和邓太后的意思。

第二日，杜根在朝堂之上，拉了自己的好友时郎一起向太后进言："太后垂帘听政多年，为保大汉基业兢兢业业、呕心沥血，可谓劳苦功高。如今天下太平，百姓安定，且当今天子已然成人，正好可以接替太后，发扬我大汉国威，实现其王图霸业。"

太后闻言大怒，这简直是要逼宫，如果不严厉惩治这种人，自己的地位终会不保。于是，太后便以诽谤朝纲、徐图不轨的罪名，逮捕了杜根等一干人。为收到杀鸡儆猴的威慑效果，邓绥随即命人将杜根装进白色袋子里，下令将其打死。

朝臣之中不乏和杜根一样心思的人，见他直言相谏，竟然落得如此下场，不禁有唇亡齿寒之感，于是便有人私下告诉行刑人打的时候不要太用力，打完后就用车把杜根接出城。太后不放心，怕未将杜根打死，便命令人来检查，杜根假死装了三天，直到眼睛里生了蛆，太后以为他死了，杜根这才得以逃跑，到宜城山里做了一个酒保。自此，刘祜也明了，自己要想取得帝位实权，现下还不能擅自行动。

而此时的邓氏家族，亦有人担心，如果长此以往，邓绥会不会重蹈窦氏太后的覆辙。她一人遭受惩罚也就罢了，可如果连累整整一个家族的人，都跟着遭受那无妄之灾，就太可怕了。其中，最具代表性的便是邓绥的堂兄邓康。

久为人臣的邓康，或多或少知晓群臣的心思，因这次杜根被"杀"，暂且不会有人提出要皇帝亲政，但这并不代表朝廷之中就不会再有反对邓绥的人。而且太后此举，实在是有违天和，势必为其他人所诟病。此外，皇帝刘祜也确实已经成人，他何尝不想亲政，只要一有机会，邓氏家族轻则权力尽失，重则全族殒命。因此，邓康便下定决心，向邓绥谏言，放弃临朝听政的权力。

但是通过杜根一事，他又见识了邓绥的心狠手辣，便也不敢明目张胆地向邓绥说起。于是，他便婉言向太后问询和建议，说太后可尽享清福，不该为了一点权力而损害了自己的身体。

太后闻言，本欲发作，但考虑到他是自己的兄长，便只是拒绝了他，而没有追究。哪知邓康亦是一个宁折不弯的人，见太后不听从自己的劝谏，便称病不朝。太后知道邓康是因为自己不听从其劝谏而假意称病，便命婢女前去探个虚实。

婢女自以为是太后身边的红人，全然不将邓康放在眼里，甚至对邓康的母亲，也殊为傲慢。邓康实在忍无可忍，便训斥了她一顿："你是何许人，不过一小小婢女，邓氏的奴才，得蒙太后恩典，才有此风光。但你不但不知恩图报，反而狗仗人势，这是一个人应该做的吗？"

邓康此番训斥，不过是出于义愤，没有半分对太后的不恭之心，对婢女的侮辱之意。可是却被婢女记在心里，顺势生出一腔怨愤，婢女回到宫里，自然添油加醋一番。邓绥此时正在气头上，又听婢女说邓康对自己继续执政有异议，不免大怒，于是便罢免了邓康的官职，并将其名字从邓氏族谱中除去。

此番安帝刘祜虽然为了能亲政而有一些动作，但囿于太后之权，故而不得其果。当然，这只是个开始，还远远没有结束。

刘祜亲政

永宁二年（121），四十一岁的邓绥由于患病时间日久，已然病入膏肓。这一下，该轮到刘祜亲政掌权了吧？他不知道，其实在一年之前，邓太后就已经想过这个问题。

邓太后知道，自己的这个侄儿已经梦想了多年，想要重新执掌刘氏江山。可惜邓氏后继无人，自己只能将大好江山拱手让予刘祜了。一直以来，刘祜也没有什么不轨的举动，对自己也算恭敬。罢了，自己苦心孤诣一生，想要将这大汉江山治理好，不就

是为了落个千秋美名吗？！此番自己一死，也就一了百了。将江山还给刘祜，也算是善始善终。

于是，邓绥在病榻之上拟出一道诏令，诏令中没有提到将江山交给邓氏族人打理的事情，临终前她也没有任何安排，因此，安帝亲政，已经是木已成舟的事情了。邓绥死后，应她生前的要求，安帝将她与和帝合葬慎陵。

邓绥一死，便轮到安帝大展拳脚了。然而，想要将朝政全面真正掌控在自己手中，安帝就必须夺回外戚手中的权力。而外戚中，权势最为繁盛的就是刚刚失去一棵大树的邓家。可是邓家在邓绥的约束下，一直谨小慎微，没有做出太多违法乱纪的事情，因此即使有心治他们，却也是师出无名。然而君要臣死，臣不得不死，皇帝甚至不需要什么理由，一旦手中握有生杀大权，就只要做出一个决定便可以了。邓家终究还是没有摆脱和窦氏家族一样的厄运。

刘祜在稳定朝局，清除以邓氏家族为代表的旧势力之后，便大力封赏自己信任的一批属下。其中，宦官江京被封为都乡侯，李闰被封为雍乡侯，乳母王圣被封为野王君。与此同时，为了讨取皇后阎姬的欢喜，刘祜还大肆封赐自己的几个妻弟，如将阎显、阎景、阎耀等人任命为禁军将领，拱卫洛阳重地。

其实，若是皇帝仅仅提拔宦官江京和李闰，倒也无可非议，因为这二人也算是助皇帝亲政的功臣。即使是王圣，也因为是安帝刘祜的乳母，地位自然尊崇。但是这样不计后果地封赏阎氏兄弟，则完全是色迷心窍了。这几人没有多少才能不说，即使是品德，也极为败坏。刘祜封赏他们，完全是任人唯亲之举。这种不辨忠奸的做法很快便招来非议，其中意见最大的就是司徒杨震。

杨震位列三公，学识渊博，号称“关西孔子”。他为官清廉，为人正直，是刘祜亲政之后为数不多能倚仗的股肱之臣。杨震见皇帝不思进取，任人唯亲，便奋笔疾书，斥责刘祜亲近奸佞，赏罚不明，以至天下大乱。

皇帝不但不采纳他的意见，反而将其奏折拿给身边之人传看，一时之间，杨震在宫中树敌如林。皇帝此时已然动了怒，但考虑到杨震的声望很高，还是让他升任了太尉一职。

杨震做了太尉之后，依然保持一颗清廉之心。即使是皇后屡次推荐自己的亲人来他的属下做官，他都严词拒绝。如此一来，杨震势必加深了自己的危机。

安帝刘祜唯一的儿子刘保乃宫人李氏所出，皇后阎姬无子，嫉妒李氏，便将其毒杀。李氏被害死之后，阎姬便担心如果有一天，这个刘保做了皇帝，知晓了自己对她母亲所做的事情，势必不会放过自己。先下手为强，为了免遭后患，刘保必须被废黜。于是，阎姬时常利用自己在皇帝身边的机会，向皇帝进谗言，要求皇帝废黜太子。

刘祜极为宠信和倚仗皇后阎姬，便在心里萌生了废黜刘保的想法。可惜太子一向没有什么过错，皇帝要废黜他，还需要一个名正言顺的理由。此外，朝廷上还有一个最大的绊脚石，他就是杨震。

阎姬的野心

杨震素有声望，汉安帝认为，如果自己无端废黜了太子，杨震势必会网罗一大批朝中士族为太子鸣冤。到时他们成了铁板一块，自己再对付杨震，就难上加难了。

反观另一边的杨震，对自己面临的危机虽然有所察觉，但是为了士人的气节，依然不为所动，时常向皇帝上奏，批判朝中奸佞。杨震批判的人之中绝大多数确实是奸臣，但也有一部分忠厚之人，因为没有什么才能，而遭到了杨震的弹劾。

如此一来，杨震两面受敌。终于，倒杨势力合流，在延光四年（125）联名向皇帝上书，说当前天象异变，是为了揭露杨震的不满之心。皇帝的舅舅耿宝此时也进言说，杨震是邓太后余党，对皇帝亲政怀有不满之心，所以才会肆意弹劾皇帝所敕封的官员。刘祜于是不由分说，便将杨震的太尉印信收缴。杨震如何受得了这奇耻大辱，便愤然自杀。

与此同时，太子刘保正在王圣的寝宫内生活着。太子一向身在东宫，为何会突然到刘祜的乳母这里来呢？原来，刘祜听说自己唯一的这个宝贝儿子，在太子寝宫内夜夜做噩梦，无法成眠，逐渐变得心神恍惚。皇帝担心其身体状况，便决定给太子换一个生活环境，改善其睡眠质量。王圣此时正值圣宠，刘祜便看中了她的寝宫。

王圣见此，当然喜出望外。她心想自己如果能够借用这段时间，好生地服侍大汉朝的这位未来主子，那自己的后半生，不就会荣华富贵，享之不尽、用之不竭了吗？于是，王圣便尽心照料太子刘保，以获取其信任。

几天之后，从小照顾太子刘保的王男、邴吉坐不住了，王圣此举不是要和自己争宠吗？于是，在私心作祟之下，王男、邴吉便与王圣、江京等人争执起来。以前这几个人就不和，此番更变得水火不容。不久，王圣和江京就联合起来，诬陷王男、邴吉二人欲要带回太子，图谋不轨。皇帝闻言，自然对这二人严惩不贷，将其下狱处死。

刘保见自己亲近的几个人都一命呜呼，不免伤心难过。这种情况逐渐被王圣和江京二人察觉，知晓此番自己邀宠不成，反而闯下了大祸。这二人心想若是任这个太子顺利称帝，自己必然会不得好死，就索性一不做、二不休，和皇后阎姬一起向皇帝告发，说在狱中王男、邴吉二人承认，太子与其宫内官员对其母亲被害之事一直耿耿于怀，想要图谋不轨。

刘祜一向对这二人极为倚重，这二人和皇后都建议自己废了太子，自己还有什么可以犹豫的呢？打定主意，皇帝便向群臣百官宣布自己欲要废黜太子的消息。三公九卿之中，大多数人为了明哲保身，对皇帝废太子之事沉默不言。只有太仆来历、廷尉张皓极力表示反对。一者太子图谋不轨之事实在是空穴来风，没有任何证据；二来则是太子年幼，即使有过失，也不能妄自责罚于他，而应该施以教化。此次皇帝无端废黜太子，于祖制不和，不容于礼法。

皇帝见此，一时没了主张，欲要问责于来历，但是有心无力。此人人如其名，来历颇大。其母亲便是当朝天子的姑姑，武安公主。无论是刘肇在位还是邓绥掌权之时，都对其恩宠有加。来历树大根深，无凭无据之下，皇帝也奈何不得他。江京见此，忙向皇帝进言说，皇帝是天子，天子要宠谁废谁，臣下焉有不听之理。皇帝闻言，茅塞顿开，不等群臣同意，便悍然废黜了太子，将其贬为济阴王。

来历见此，依然不为所动。为了让刘祜收回成命，他便在宫门外安营扎寨。皇帝知晓后，龙颜大怒，撤了来历的太仆之职。同时剥夺其母武安公主入宫晋见的权力。来历终于知道，这回皇帝是下定决心要废了刘保，于是便闭门不出，向外称病。

太子刘保是皇帝刘祜唯一的儿子。刘祜此举丝毫不考虑自己死后后继无人的事情，实在是昏聩之至。刘祜心心念念多年的亲政，并没有像自己想的那样，可以实现自己的抱负。反而到了此时，朝中做主的，是他亲近的几个亲戚和宦官。

延光四年（125）三月，刘祜下江南查看风土民情，不幸身染重病，于叶县驾崩。刘祜和东汉的众多皇帝一样，没有逃脱短命的厄运。而皇后阎姬，在子嗣方面，也承继了窦太后、邓太后无子嗣的特征，此番皇帝驾崩，太子被废，她也不免心想，自己独揽大权的时代终于来临了。

王权几度易手

汉安帝驾崩的消息第一时间被阎姬封锁，对外谎称皇帝只是病重无法与其他人相见。适时江南天气渐暖，如此终非长久之计。于是阎姬命人星夜兼程返回洛阳，四天之后，皇帝出行的车队便迈上了洛阳的官道。

此刻皇后终于向百官发布皇帝刘祜身死的消息，出殡发丧之日，皇后特别命令不准许废太子刘保参与相关事宜。刘保见此，只能在皇宫之内悲号不已，让人动容伤怀。

阎姬在被尊为皇太后以后，为了把持国政，在阎显的支持下，迎立北乡侯刘懿为帝，史称前少帝。刘懿年纪很小，被阎姬拥立为帝，正是“司马昭之心路人皆知”。

一朝天子一朝臣，现在轮到阎姬掌权，当然要对忠于先帝刘祜的那些人来一个大清洗，同时积极地将自己的心腹臂膀安插在国家的各个机要部门，以便能够得心应手地行外戚之专权。

大将军耿宝位高权重，威仪堂堂，阎显很是妒忌，于是便暗示亲附的小人弹劾耿宝、樊丰等人，说他们结成朋党，作威作福，意图谋反。樊丰等人被投入大牢，受尽折磨而死。而耿宝也被贬为亭侯，遣送到封国。耿宝不堪受辱，自杀身死。

少帝刘懿刚刚被拥立二百余日，便身患重病。延光四年（125）十月，刘懿和汉殇帝刘隆一样，对自己拥有的所谓的九五皇权还没有任何了解，便悄无声息地死去。

少帝刘懿去世之后，江京、阎姬等人便急切需要找到另一个替代品出来。可是匆忙之间，又到哪里去找一个合适的人来做傀儡皇帝呢？与此同时，早在刘懿病重之时，宫中原本位高权重，到阎姬执掌政权之时却被架空的宦官孙程早就心怀不满了。于是趁着太后等人无暇顾及的机会，孙程立即联络各方人马，不久，就成立了以孙程和济阴王刘保的近臣长兴渠为首的倒阎组织。

他们心中明白，此番虽然危险万分，但一旦成功，便可一飞冲天。何况朝堂之上，不乏欲要拥立刘保为帝之人。所谓富贵险中求，孙程等人此番的政变，正是充分计较之后，最为合理的做法。如此千载难逢的机会，孙程即使冒着失去生命的危险，也不想放过。

这年十一月某日，孙程等人趁着京师洛阳爆发地震的机会，对天盟誓，誓死拥立刘保为帝。一行人到达章台门，正好看见江京和李闰在外躲避。孙程等人见状大喜，遂一拥而上，杀了江京。李闰见势不妙，便临阵倒戈，称愿意立刘保为帝。

刘保在宦官的拥立下，于西钟楼下做了皇帝，而后命人召集公卿大臣前来议事。随后，皇帝便在宦官和朝臣的簇拥下，颁布了一系列诏令，同时派虎贲、羽林兵把守南北宫各门。

消息传到北宫后，太后等人商议如何才能稳定局势，扳回败局，最终决定，诏令越骑校尉冯诗进宫护驾。冯诗早就对太后的做法有所非议，兼且王公大臣都想拥立刘保，自己一个小小校尉，可不能错估了形势，误了自己的性命。

一进宫，冯诗便决定无论太后等人说什么，自己都要推脱。恰如他所料，太后一见他，便显得极为亲切，许之以高官厚禄。可太后等人越是这样，就越显其心虚。冯诗便以带兵不多为由，回到营中。不久，前去镇压政变的阎显被抓捕。

一夜之间，刘保和孙程便顺利完成了政变，稳定了朝中大局。次日，孙程等人又进入北宫，夺回玉玺，将阎显、阎耀、阎晏阎氏三兄弟全部下狱处死，阎太后的最后一道屏障就此消散。阎姬贵为太后，刘保杀她，与礼不合，遂将之打入冷宫。这年，刘保十一岁。

第二年，太后去世。自此，东汉开启了顺帝统治的时代，皇权几经易手，终于又回到了刘氏正统手中。

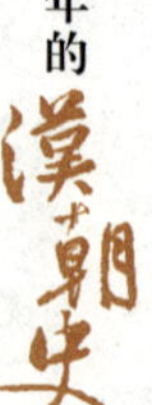

曹大家班昭

班昭一家，满门英豪。其兄班固修《汉书》，班超定西域，其父班彪亦是学富五车，才通天人，是不折不扣的一代文豪。班昭家学渊源深厚，文采悠然，受到当时有识之士的敬重。朝中邓太后素有喜好文辞水墨之名，便将之引入皇宫，拜为百妃之师。

班昭十四岁嫁给同郡曹世叔为妻，所以人们又把班昭叫作“曹大家”。世人只知班固修史，却不知这之中也有班昭的功劳。班固修史尚未结束，便受到窦宪一事的牵连，冤死狱中。班昭痛定思痛，在班固和自己过去研究的基础上，继续完成相关事宜。此事亦受到汉和帝的大力支持，特别恩准她去东观藏书阁参考典籍。苦心人，天不负。班昭年近不惑，终于完成《汉书》。

她在修史期间，亦担任邓绥太后之师，为其出谋划策。适时邓太后权倾天下，朝中诸事皆要由其定夺。班昭以其师之尊得以参与机要，竭尽心智为太后尽忠。每次太后有疑难之时，悬而不决之事，便会请班昭为其计较。

一次，邓绥的兄长邓骘因为其母亲过世，便向邓绥请求，归去故里为其母亲守孝。然众所周知，邓骘是邓绥最为得力的臂助。如若让邓骘回去守孝三年，则国之大事，必定会被耽误；宵小之徒，也必定会趁机牟取太后权位。

邓绥担心一旦自己的这位哥哥离开，自己多年以来苦心孤诣打拼出来的江山，就会被人侵蚀。然而如果不让他走，就会惹人非议，说她手握兵权舍不得不放，为了自己不惜侵犯祖制。一时之间，邓绥犹疑不决。思考良久她的心中冒出一个身影来，这人便是班昭。

邓绥急忙命令左右前去恭请班昭而来，问策于她。班昭一听，便给出定议："大将军功成身退，此正当其时；不然边祸再起，稍有差池，累世英名，岂不尽付流水？因此，准其离去，为母尽孝，方为上策。"邓太后闻言，深感有理，便准了其兄的要求。

此一事，便可见班昭的才华和智谋之了得，亦可见邓太后对班昭的尊敬和信任。班昭年逾古稀，方才溘然长逝。皇太后亦为其素服居丧。其子曹成也因为班昭之功而被封为关内侯，官至齐相。

第四章 生不逢时的皇帝

昏聩无能汉顺帝

皇朝但凡新帝登基，便会有大赦天下的传统。刘保年幼被废，后来汉朝大权更是被阎姬等人执掌，此番他上台，也少不得要效法先帝。其实，刘保在登基之初，也是怀着一腔抱负的，可惜他的性格懦弱，注定成不了刘秀那般文治武功世所罕见的一代天骄。

永建元年（126），刘保大赦天下，而后便着手封赏拥立自己上位的那些王公大臣以及后宫宦官，其中以孙程为首的十九位拥立刘保的宦官全部封侯。后来刘保登基日久，有感于这些人无一个是易与之辈，担心他们抱成一团，威胁自己的皇权，便逐渐疏远了他们，宠信了另外一个宦官张防。

张防并没有参与孙程等人灭阎氏的事情，但他一直以来都比较忠心于皇帝。刘保少年称帝，没有什么主见，一旦遇着大事便会找张防商议。

一般臣下受了皇恩，要么更加忠心行事，要么恃宠而骄。张防便是第二种人，仗着皇帝的信任，为非作歹，卖弄权势。司隶校尉虞诩不畏权势，见不惯张防的所作所为，便暗中收集张防的罪证，上书弹劾他，可是几次三番下来，皇帝却不为所动。

孙程见此，忙向皇帝进言，说应该抓捕张防，严明法纪。孙程素有威名，张防见此，也不得不束手就擒。

皇帝刘保登基日久，也感到宦官之害甚巨，自己长久宠信宦官，必将导致大权旁落，便以“争功”之名，罢免了孙程等十九人的爵位，将其赶出洛阳。可是这顺帝刘保却是一个当断不断的人，过了两年，又觉得这样做会让功臣寒心，便将孙程等人又调回了洛阳。孙程此后官拜骑都尉，没有实权，最终病逝洛阳。

永建三年（128），洛阳发生地震。永建五年（130），洛阳发生了旱灾和蝗灾，其他十二个郡国也发生了蝗灾，以后风、涝、水、旱灾时有发生。顺帝朝的经济形势日渐衰落，政治上也日益腐败。刘保整日忧心忡忡，想要力挽狂澜，却有心无力。

永和五年（140），羌族因为不满当地官员的暴政，在其首领的带领下，爆发了起义。顺帝大惊失色，连忙下令，集结了汉朝的精锐兵力十余万前往西凉之地镇压。

战端一开，便一发不可收拾，迁延十五年之久，国力耗损巨大，使得汉朝一蹶不振。

永和六年（141），中常侍张逵、蘧政等人一起合谋，诬陷大将军梁商和另外两个中常侍曹腾、孟贲，说他们积极联络朝中大臣和某些皇子，欲废掉顺帝另立新君，请求皇帝下令，逮捕梁商等人，治他们谋逆大罪。哪知顺帝不为所动。

刘保虽然昏聩，却并不糊涂，心中早已明白是非黑白，对宦官们的心思也可以说得上是了如指掌，所以前面才会将拥立他的十九位宦官废而不用。见他们言辞凿凿，顺帝直截了当地说：“众卿家可知，大将军父子以及皇后一家都是我的亲人，曹腾、孟贲都是我喜爱的人，此番你等来弹劾他们，可有确凿证据？”见一众宦官相互顾盼，顺帝顿时胸有成竹地继续说道：“一定没有这样的事情，只是你们都嫉妒他们罢了。”

张逵等人见顺帝如此表现，知道自己的谎话被识破了，索性一不做二不休，干脆来个先斩后奏，做了一篇假诏书去将曹腾、孟贲逮捕了起来，并关在皇宫之中。曹腾、孟贲二人甚得皇帝恩宠，因此几人不敢直接将其杀害。

不久，这件事情为顺帝所知，顺帝大怒。梁商忙向皇帝进言，

救人要紧，先命令宦官李歙赶紧去把曹腾、孟贲放了，再把张逵等人逮捕起来。经过审讯，他们都承认了自己的罪行。

可是，这件事情并没有就此结束，因为在张逵等人的供词之中，还牵连到一些王公大臣。皇帝见此，犹疑不决，是否要斩草除根。梁商知道，如果真的追究下去，不管他们是冤枉的还是罪有应得，都会牵连甚广。如此一来，则朝纲大乱，人心不定。梁商急忙向皇帝上疏，劝皇帝“知止安人”。顺帝觉得很有道理，便采纳了梁商的意见，仅仅将那些证据确凿、无法辩驳的人绳之以法。

永和六年（141），梁商病重去世，临终前不忘叮嘱自己恃才傲物的儿子梁冀，要他谨记勤俭，对自己的葬礼不要过分奢侈。刘保有感于其忠贞，亲自到他遗体前致哀，并赏赐金银衣物无数，赐予他谥号“忠”。

跋扈将军梁冀

永和六年（141），梁商病逝，其子河南尹梁冀任大将军。在大将军的建议之下，梁家的心腹执金吾张乔做了车骑将军，率领军队屯守三辅，以为京师洛阳之屏障。自此，汉顺帝的军事大权完全旁落。

为了排除异己，在梁冀的打压下，一直忠于汉室的太尉桓焉、司徒刘寿被免职。转而由梁氏亲信司隶校尉赵峻任太尉，大司农胡广任司徒。

建康元年（144）八月初六，汉顺帝崩于玉堂前殿。梁皇后没有子嗣，皇帝驾崩后，她连夜召集其兄长梁冀入宫，封锁了洛阳各处宫门和城门，而后兄妹两人纠集了宫中握有重权的宦官们，和他们商议新皇帝的人选。最终他们决定，立虞贵人年仅二岁的儿子为太子。这人便是刘炳，也就是后来的汉冲帝。

刘炳即皇帝位后，尊梁皇后为皇太后，因皇上年幼，太后顺理成章临朝听政。至此，梁氏兄妹终于迎来了权力的巅峰。然而，伴着顺帝的驾崩，汉朝江山也江河日下。天灾不断，外忧内患连连。正在这时，另一个噩耗也接踵而来：新帝刘炳病危。

永憙元年（145）正月初六日，皇帝崩于玉堂前殿，年仅三岁。

刘炳一死，梁氏兄妹便在宦官的配合下，密切监视洛阳城，又让宦官拟旨，昭告天下，为其发丧。最后梁冀持符节，用王青盖车去宫外迎接汉章帝刘炟的玄孙，年仅八岁的刘缵进入南宫即皇帝位，是为汉质帝，太后梁氏仍然把持朝政。

此时的汉朝天下，正在经历巨变。扬州、徐州等地皆出现大寇侵扰，边关战事再起，西羌、鲜卑及日南蛮夷攻打城池，强抢暴掠，当地官员无法对付外敌，却还横征暴敛、鱼肉百姓，使官民财力困乏枯竭，民怨四起。

梁太后见此，知道长此下去，国家会在混乱之中崩溃。为了自己的统治能够长久，太后下定决心施行三步走的策略。首先，便是日夜勤劳执政，推心置腹地依靠贤能之士（其实都是她的心腹臂膀），委任太尉李固等人，选拔重用忠良人才，努力推崇节俭。其次，针对当下朝臣腐败、民怨沸腾的不利状况，谕令李固着手经办惩治贪官，严肃刑罚的相关事宜，那些横征暴敛的贪官污吏，多被诛除或废黜。最后，则是平定边患，正所谓“内乱不治，便会亡朝；外患不灭，就会灭种”，为了维护边境的稳定，免受外敌侵扰，朝廷分兵讨伐，几经征战，终于将群寇消灭平定。

一时之间，海内肃然安定。

梁冀见此，皆以为是自己兄妹二人之功劳，于是逐渐不将天下人放在眼中。

皇帝登基日久，也日渐了解到自己的处境，他虽然年纪不大，但对宫廷之事却也颇为了解，自然不会甘于做一个傀儡。但是，他外不能联络众臣，内不能消灭外戚，只能在偶尔颁布诏书之际，无关痛痒地抒发下自己对于困境的担忧和对天下的愧疚。

一日，朝堂之上，百官均已各自站定到自己的位置上，甚至

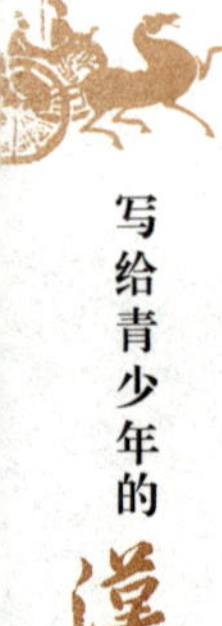

皇太后和皇帝都已然坐定，却只有梁冀没来。太尉李固见梁冀这么久还不来上朝，便向皇帝进言，说不如先议国事，他既不按时到来，我等大可不必等他。

说来也巧，李固这句话刚说完，梁冀就来了，同时大声咆哮："尔等鼠辈，竟然不等本将军，本将军不来，这朝廷还算是个朝廷吗？"说着，梁冀恨恨地对李固说道："原来是太尉，好大的气势！"

李固面红耳赤，却敢怒不敢言。

眼见朝堂之上，竟无一人敢与梁冀辩驳，质帝年幼，不免有不服之意，于是脱口说道："真是个跋扈将军！"百官一听，都为皇帝的胆略所叹服，一时之间，群臣对于梁冀的不满之声，传遍了整个朝野。碍于情面，梁冀当然不会当场发作，但是内心却对这个皇帝愤恨不已，于是决心除掉质帝再立新帝。

梁冀买通了宦官，暗自将毒药放在煎饼之中，送给质帝吃。此药见血封喉，质帝又没有什么防范之心，吃了煎饼便感受到心腹之间，痛如刀割。太尉李固闻讯，急忙赶来，问太医皇帝为何会这样。太医如实禀告，正欲施救，质帝便倒了下去。

本初元年（146）闰六月，皇帝驾崩，年仅九岁。可叹其在位时间不足一年，就在梁冀的毒害下殒命。

一举定江山

汉质帝被梁冀毒死之前，梁氏兄妹和一众宦官就曾考虑过废立皇帝之事。眼看着质帝日益长大，而且表现得也极具王者之气，若不将之尽早除掉，迟早会危及梁氏兄妹的统治。而且越早选出可以替代他的人，便越能够保证梁氏兄妹的江山永固。

梁氏兄妹将目光转向了刘志。刘志虽然年龄很小，但已经继承了刘翼蠡吾侯的封爵。经过他们多方调查，发现此人胸无大志，目光短浅，正是二人心目中继承皇位的不二人选。

所有人都没有预料到，这一天会来得这么快。这日，梁太后征刘志到洛阳城北的夏门亭，准备把自己的妹妹嫁给他。婚礼尚未举行，宫里忽然传来消息，自己的哥哥梁冀竟然毒杀了质帝。很快，梁冀便来到梁太后寝宫，商议让刘志继位之事。

第二天，梁氏兄妹便将拥立刘志为帝的决定在朝堂之上公布，李固公然反对刘志称帝。在李固的带领下，胡广、赵戒及大鸿胪杜乔都认为清河王刘蒜“明德著称”，且血缘与质帝最近（为质帝兄），应立为嗣。梁冀苦于找不到别的理由反对，只好宣布暂停讨论。

到了次日，宫中掌握实权的宦官站了出来，特别是中常侍曹腾，坚决反对册立清河王刘蒜为帝。最终，在外戚宦官的联合压制下，李固等人被迫让步，刘志顺利即位，是为汉桓帝。

此时，梁太后已经垂垂老矣。朝廷内外，国家大事，事无巨细，都由梁冀一言而决。

和平元年（150）春，太后行将就木之际，未免自己死后留下不好的名声，也为了将来皇帝执掌大权之后，能够念及自己拥立之功，放梁氏一马，便将政权归还给了皇帝。不久，梁太后便溘然长逝。

虽然在名义上，梁太后将政权归还到了刘志手中，但实际上，梁冀却变得比往日更加嚣张。他见自己毒杀了质帝，天下人虽然都知道那是自己所为，却奈何不了自己，便以为只要自己军权在手，恩威并重，皇帝就是自己手中的玩物，百官也不过只是一群看客。

梁冀的所作所为，让汉桓帝刘志怨愤不已。但他知道，眼下自己不过是个傀儡，要想真正掌权，只能韬光养晦，暂且忍受梁冀的嚣张。

刘志为了迎合梁冀，在自己坐上皇帝之初，便大肆地对梁氏一门进行封赏。其中，梁冀增封食邑一万三千户，其弟梁蒙被封为西平侯，梁不疑被封为颍阳侯，梁冀的儿子梁胤被封为襄邑侯。

此外，拥立刘志有功的宦官也都封了侯。同时，刘志又封梁冀妻子孙寿为襄城君，兼食阳翟县租税，岁入五千万，加赐赤绂，比同长公主的仪服。

梁冀受此恩宠，却并没有丝毫感恩，反而贪得无厌地向皇帝索取更大的权力地位。元嘉元年（151），刘志迫于梁冀的压力，允许他佩剑着履上朝，又将定陶、阳成两县的余户全部增封给他。

梁冀跋扈成名，其妹梁皇后亦是嚣张成性。

梁皇后没能给刘志生下太子，所以对后宫三千佳丽充满怨恨妒忌，没有半点宽容之心。每当后宫有人怀孕，便会被她以歹毒的手段，将其子嗣除掉。这碰触了皇帝刘志的逆鳞，要不是皇太后高高在上，大将军虎视眈眈，桓帝早就废黜了她。待皇太后驾崩，刘志对梁皇后的恩宠便渐渐衰减，她因此在寂寞愤恨中一病不起，于延熹二年（159）死去。

在梁皇后逝世之前，桓帝便极为宠幸一个女子，她就是梁贵人。梁贵人其实应该姓邓，梁贵人的母亲起初嫁给邓香为妻，生下了她，后因邓香早逝而改嫁梁纪，梁纪是大将军梁冀妻子孙寿的舅舅。梁贵人入宫前随其母亲居住，因而姓梁。

梁皇后死后，桓帝决意将梁贵人册立为皇后。梁冀见自己妹妹尸骨未寒，皇帝便要另立皇后，勃然大怒，决定除掉梁贵人。同时他想到，自己妹妹死后，梁贵人经常与她的母亲相见，难道是为了夺取她们觊觎多时的皇后大位？于是疑心之下，梁冀就决定将梁贵人的母亲一起杀死。

梁冀派去的刺客进入梁贵人母亲的居所时，被邻居袁赦发现，袁赦告知了梁母，梁母便入宫向桓帝哭诉，由此点燃了汉桓帝心中的怒火，使他再也难以忍耐。桓帝将与梁家不和的宦官单超、左悺秘密召入内室，谋划除掉梁冀一事，又召来宦官徐璜、具瑗，五个人共同策划，结为同盟。

桓帝的这些小动作，又怎么能够瞒过梁冀呢？要知道，偌大的皇宫之中，可是遍布了梁冀的眼线。为防不测，梁冀派心腹宦官张恽以护卫皇帝的名义入宫，进而借机监视桓帝和单超等人。单超等人虽然是一介宦官，但是久居宫廷，对于梁冀的用心，自然看得真切。知道这件事情一旦有半点失误，便会万劫不复，于是他们决定先下手为强，以“辄从外入，欲图不轨”的罪名，将张恽抓了起来。

桓帝也意识到，梁冀已经对自己的所作所为有所警觉，急忙到前殿，以张恽之事为借口，命尚书令尹勋召集尚书台官吏武装起来，守卫中枢机构，这样，就能防止梁冀狗急跳墙，引起兵变。与此同时，桓帝又派黄门令具瑗统领皇宫禁军千余人与司隶校尉张彪一起包围了梁冀的住宅。还未等梁冀缓过神来，桓帝便派光禄勋袁盱收缴了梁冀的大将军印绶。

梁冀知晓，此番是人心所向、大势所趋，自己是难以挽回必败之局了。不久，他便在战战兢兢中自杀，其妻孙寿也一同自尽。

水火不容

汉桓帝剿灭梁氏之后，为收揽人心，他做的第一件事不是改变梁冀执政时的诸多弊病，而是论功行赏。功劳最大者为单超等宦官，自然赏赐也最为丰厚。从此以后，东汉政权又从外戚手中转到宦官手中。

此时的桓帝，在亲政掌权之后，其懦弱性格日益显现出来，并在宦官的制约下，变得不明是非，暴虐无能。

皇帝之所以会变得如此不堪，是有深刻原因的。一方面，这些宦官都为桓帝亲政立下了汗马功劳，皇帝执掌大权，当然不能忘恩负义。另一方面，则是皇帝在此时已经是孤家寡人一个，身边没有任何可堪大任的人才，只能仰仗宦官。最后，则是因为桓帝在夺权成功之后，宦官为了博取他的欢心，也便于自己把持权力，想尽各种办法让皇帝玩乐快活。时间一久，桓帝便沉溺于享

乐，逐渐荒废了国家大事。

针对当前宦官乱政，桓帝被蒙蔽的事实，太尉陈蕃、司空刘茂与其他士族官吏进行了密商。可惜还是走漏了风声，被宦官们提前察觉，向桓帝告发说，士大夫群集，欲对桓帝的执政现状进行诽谤。

果然，第二天，太尉陈蕃、司空刘茂二人便在大殿之上一起向皇帝进谏，要求桓帝清除宦官乱政的不正之风。桓帝一听，顿时心生不悦。要不是这二人都是朝中重臣，这么多年以来对汉朝也算是忠诚可嘉，桓帝几乎就要当场发作，最后桓帝索性不理他们。而受皇帝宠信的宦官们则因此更加嫉恨士大夫们，虽不敢加害名臣陈蕃，但对其他人则大加报复。

此时的河南尹李膺，对于朝局也时刻关注着。之前宦官党羽张成之子因为宦官的庇护，在大赦之前为报私人仇怨，公然杀害了一人。李膺负责查办此事，阉党见桓帝即将大赦，对此事也没有放在心上。哪知道李膺在大赦期间，对于张成之子的罪行压下不审，专门等到大赦过后，再行定罪，将其绳之以法。张成闻讯，心中大痛，连夜向宦官禀明此事，要求他们念在自己忠贞不贰的分上，为其亡故之子报仇雪恨。

宦官对于李膺处处与他们作对之事，早就心怀不满，欲要施以惩戒。于是，宦官一党遂让张成弟子牢修上书，诬陷李膺等人养太学游士，交结诸郡生徒，结党营私，诽讪朝廷，扰乱民众。

桓帝闻言，当即大怒，遂下诏通缉御史中丞陈翔、太仆卿杜密等重臣及陈寔、范滂等士人。太尉陈蕃知道这是宦官之奸计，遂以“罪名不章”为由拒绝签署诏书。宦官见桓帝颁布的诏书，因为没有太尉的批准无法生效，便向桓帝进言，要求跳过司法程序，直接让宦官负责的北寺狱审理此案。李膺、陈寔、范滂等人慨然赴狱，受尽酷刑，在狱中被关押一年多，而不改其词。

陈蕃再度上书，以夏商周三代之事劝谏，言辞激切。桓帝嫌他多嘴，以陈蕃提拔的人才名不副实免去了他的太尉一职，改以光禄勋周景为太尉。司空刘茂连同一批士人，向皇帝进言，请求赦免士人官吏的罪责。桓帝此时已经彻底被宦官迷惑，大权也大多掌握在宦官手中，不久，司空刘茂便以协同之罪被罢免，改以光禄勋宣酆为司空。

司隶校尉应奉见大臣们屡请不准，宦官专权更甚，独自上疏申讼。桓帝闻言，心中暗想，此事大可就此止了，因为朝中反对宦官的大臣几乎全部遭到打压，物极必反，现在可以收手了。而且宦官虽然好用，但如果权力太大，则非社稷之福。

永康元年（167）六月，桓帝颁布诏书，大赦天下。

窦氏重新掌权

梁冀倒台后，梁贵人为了迎合桓帝仇视梁家专权的心理，便将自己的姓重新改为邓。不久，邓贵人得偿所愿，被册立为皇后，一时之间，荣宠不断。可惜她做了皇后两年，一直没有孩子。桓帝见此，心中也是万分焦急，但转念一想："邓皇后一直没有子嗣，但是早年我也生了三个女儿，可见并不是自己的原因。"于是，桓帝便逐渐冷落了邓皇后。

当此之时，深宫中除了邓皇后，郭贵人亦甚得皇帝喜欢。郭贵人不仅身段苗条，面容姣好，而且出身高贵，知书达理。在冷落了邓皇后之后，桓帝便夜夜召郭贵人侍寝，邓皇后当然是看在眼中，恨在心里。照这样下去，不但她荣宠尽失，还极有可能会丧失皇后大位，她绝对不会允许这样的事情发生。

皇后担心的事情，始终没有发生。虽然一年多以来，皇帝每日都会临幸郭贵人，但是郭贵人却和皇后一样，没有诞下一儿半女。皇后觉得，自己扳回颓势，挽回败局的机会到了。不久，宫中便流传开一个传言，说之所以皇帝无子，主要原因便是出在桓帝自己身上。这种奇耻大辱，惹得桓帝大怒，遂命宦官严查流言的源

头。最终查出，此事竟然是郭贵人所为，皇帝当即将郭贵人招来问话。郭贵人闻言，当即大惊失色，这不是要她的命吗？直到邓皇后来到桓帝身边，恢复以往和桓帝的亲密，郭贵人才明白过来。当然这郭贵人也不是省油的灯，她见桓帝对自己还有几分信任，忙向桓帝说道，在她入宫之初，便有人在宫中传言桓帝不能生子。这件事情，一定是有人陷害自己。自己受到桓帝如此恩宠，一定会知恩图报，怎么会说出这等言辞呢？

桓帝闻言，大觉有理。郭贵人见桓帝有些相信了自己的言辞，忙向桓帝说道："宫中早就有传言，陛下处置了梁氏家族，姓梁的也就改了姓，但是其梁氏之心又怎么会改呢？她就像毒蛇一样，隐藏在暗处，一旦有机会，便会报复，而这报复的开始，就是陷害和皇帝最亲近的人，皇帝陛下一定要小心！"

这话一出，桓帝顿时如醍醐灌顶，遂命人招来原先负责严查流言源头的管事太监，问他是不是有人指使，有意陷害郭贵人。那太监承认自己是被皇后胁迫，陷害郭贵人的。其实桓帝哪里知道，郭贵人得知自己被陷害之后，早就打通四方关系，让宦官在关键时刻，倒戈相向。桓帝本就是从梁氏外戚中夺取的权力，对于十几年的傀儡皇帝生活，心中充满怨恨。至此，桓帝终于下定决心，废黜了皇后。经此一事，桓帝也逐渐冷落了郭贵人。

邓皇后被废黜之后，窦妙选入掖庭为贵人，入宫当年即被立为皇后，但是她见到皇帝的机会很少，皇帝所宠爱的是采女田圣等人。其实，在窦妙被立为皇后之前，就不得皇帝宠爱，只是因为她出身高贵，才在争夺皇后大位的角逐中胜出。

永康元年（167）冬天，皇帝患病卧床，封了田圣等九位女子为贵人。后来，桓帝一病不起，就此宾天。窦妙以太后身份，主持朝政。窦太后一朝权在手，便把令来行。桓帝尸骨未寒，窦太后便以惑乱后宫的罪名杀死了田圣。为了尽出胸中怨愤，窦太后又想杀尽其他贵人，幸好中常侍管霸、苏康苦苦劝谏，这些前朝贵人才得以保全性命。至此，汉室天下又回到外戚窦氏一门的手中。

梁冀的爱好

梁冀有两个爱好，其一是养兔子。为此他在洛阳城以西造了一个兔苑，为了搜集最美丽灵活的兔子，梁冀向各地官府下令，要他们按期交纳兔子，到时间如果没有合格的兔子送来，梁冀便会将没送合格兔子的郡县的官员以妨碍国事之罪论处。梁冀还在兔子身上烙上记号，谁要是伤害梁家兔苑里的兔子，谁就犯了死罪。

这日，有个西域客商到洛阳，见到洛阳的繁华便想好好逛逛，于是在不知不觉间便走到了梁冀的兔苑周围。他一见高墙之下，竟然有一只兔子蹲在那里，心想这下自己可有口福了。客商捡起路边的一块大石头，就砸死了一只兔子。他哪里知道，这只兔子是碰不得的，因为它是梁冀的兔子。为了这件案子，客商一行竟被牵连了十多个人，个个都丢下性命，埋骨洛阳。

其二是建楼阁。梁冀为了自己享受，大肆将国库中用于边关大战的军饷以及救灾的钱粮都搜刮到自己的囊中，再将自己看上的洛阳附近的千里良田都霸占了下来。这些良田都是当地百姓的生命所系，被他占据了，百姓流离失所，一时之间，怨声载道。

此外，梁冀还把几千个良家子女抓来作为奴婢，并把这种奴婢称作“自卖人”。意思即说，他们都是“自愿”卖给梁家的。此外，梁冀还罗织富户的罪名，用以勒索钱财。

富户孙奋有钱无权，梁冀便顺势送给他一匹马，向他借钱五千万。孙奋拿不出那么多钱，又没有靠山，被逼无奈之下，只能凑了三千万给他。一看少了两千万，梁冀大怒不已，当即吩咐官府把孙奋抓起来，还诬说孙奋的母亲原是他们家逃出来的奴婢，偷去大量金银财宝，如今都要追还。最后孙奋被官府活活打死，他的财产全落入了梁冀手中。

第五章 汉室落幕

短暂的外戚统治

窦太后执掌朝中大权之后，封父亲窦武为闻喜侯、弟弟窦机为渭阳侯、堂兄窦绍为鄠侯、窦靖为西乡侯，窦氏一家权倾内外。因桓帝无子，窦妙急召父亲窦武进宫协商，经侍御史刘儵推荐，选中了汉桓帝的堂侄，年方十二岁的解渎亭侯刘宏为太子，继承皇位，史称汉灵帝。

窦氏一门中，窦武素来有被封侯拜将的才德，因此，其见识也远超窦氏一族中的其他人。他明白，当前朝局不稳，朝中大权大都掌握在宦官的手中，这极大地限制了窦氏一门的发展。眼下汉廷刚刚经历“党锢之祸”，党人虽然遭受打压，但是却赢得了广大百姓的支持。窦氏一门想要对付宦官，就要拉拢党人。

在窦武的推动下，窦太后再次起用陈蕃为太尉，同时找回李膺、杜密等人，参与朝政。然而窦太后在政治上还显得十分生涩，同时她又人处深宫，被势力强大的宦官所包围，宦官们整日甜言蜜语，因而在不知不觉之间，她就被宦官哄得晕头转向，视他们为心腹，经常受他们的影响而改变主张。对此窦武和陈蕃等人都很担心：照此下去，太后没了是非之心不说，还会严重削弱外戚和士大夫的权威。于是，窦武便生出剪除宦官之意，但窦皇后却因为不相信宦官的危害而迟迟不能下定决心。

迟则生变，窦武和陈蕃深刻地明白这个道理。这日，窦武和陈蕃秘密进入皇宫，晋见窦太后。其实窦太后早就知道他们会来，也知晓他们来的目的。窦妙觉得，自己不能见他们，否则他们又会提起扫除宦官这件事情。宦官们一个个对自己忠心耿耿，对皇朝事务更是尽心尽力，杀之不忍，害之不仁。索性自己不见窦武和陈蕃，将这件事情拖着，或许不久以后，他们就会明白自己的苦心，了解宦官的忠诚。

窦武和陈蕃到达北宫，忙令太监通传，说有重要事情禀报太后。哪知这太监在通传之前，竟先通知了宦官侯览、曹节、王甫等人。侯览遂命人严密监视窦太后等人，闻知窦太后竟然避而不见，不禁让侯览等人不明所以。窦武等人遂跪在宫外，声言如若太后一直拒而不见，他们就一直跪着。太后见此，只能把他们宣进殿来。

窦武一见太后，忙向她哭诉道："大汉将亡，吾等危险！"太后闻言，忙将窦武扶起来，问他何故如此危言耸听。窦武忙向太后说道："如今朝廷之中，主要有三种势力：一是朝廷百官，二是我等外戚，三是宦官阉党。前两种都是为了匡扶社稷，维持江山的有力力量，但最后一种则极大地威胁了皇朝的统治。他们整日无所事事，只想着如何牟取私人的利益，如何谋害正义的力量，多少仁人志士被他们构陷，太后如果不想重蹈覆辙，就必须要汲取前人的教训，迅速诛除这群势力，维持皇权的长久统治。"

太后闻言，便让窦武和陈蕃先回去，此事自己定有妥善的解决办法，要他们不要急于一时。这本是太后的拖延之计，但这话传到宦官耳中，便不是太后的本意了。他们以为，定然是太后限于自己权力未稳固，待得江山一定，便是鸟尽弓藏，兔死狗烹。宦官头领曹节有鉴于此，向大家建议道："先下手为强，后下手遭殃。"

宦官侯览、曹节、王甫等人把灵帝诓骗出来，掌握了宫廷禁卫军，封锁了各个宫门。随即，他们带领一队禁军，以皇帝的名义，武力逼迫窦太后交出传国玉玺，并起草诏书调取了军队的符令节杖，以谋反罪名派军队逮捕围攻窦武、陈蕃。

窦武父子知晓大势已去，随即自杀，陈蕃门下数十人被杀，幸好陈蕃德高望重，在朝野上下有很深的根基，最后只是被贬官。而窦太后本人则被迁入南宫幽禁。

城门失火，殃及池鱼，凡是陈蕃、窦武举荐的，以及他们的门生、旧属，自公卿以下，一律免官，永不录用。至此，宦官们取得了胜利。他们操纵灵帝，封曹节为长乐卫尉，育阳侯；王甫为中常侍；其他朱瑀、共普、张亮等六名宦官为列侯，十一人为关内侯。

窦氏一门短暂的专权统治就这样结束了，留下年少的汉灵帝独自生活在深宫内院之中。

最宠当是王美人

汉灵帝一生，可以用昏庸无道四个字来概括，特别在对待后宫之事上，更是昏聩至极。宋皇后因姿色平庸，招致皇帝不喜。宦官谗言一进，皇后便马上被冷落，遭废黜，杀身殒命，其家族也凄凉收场。

其实，在宋皇后举家被灭族之后，汉灵帝心中多少还是有些歉疚的。可是事已至此，懊悔也没有作用了。心中所念，梦中所现，不久，汉灵帝竟然梦到了先帝汉桓帝。桓帝在梦中就宋皇后一事，愤怒地对灵帝说：“宋皇后有什么罪过，而你却听信重用邪孽之徒，让他们断送了她的性命？勃海王刘悝既然已经自行贬降，却又受诛杀。今日宋氏和刘悝到天上自诉冤屈，上天动怒，你罪责难逃。”

灵帝闻言，顿时冷汗直冒，直到惊醒过后依然十分恐惧，他以此事向羽林左监许永询问说：“此梦有什么征兆？吉祥不吉祥？可以消除不祥吗？”

许永虽不是宋皇后心腹，但是宋皇后在位之时，对其优待有加，他曾经犯过几次错误，都被其大度赦免，因而对于宋皇后被废，宋氏遭难，许永心中是十分同情的。见皇帝以此事问询于他，许永觉得，也许这是一个机会，也许可以借助其梦境来肃清现实的混浊，也算是尽力为宋皇后洗掉冤屈，还了当初宋皇后的容人之恩。

计较一方之后，许永诚恳地说："宋皇后母仪天下，万民莫不蒙受其教化。从没有听她有过错，可是她最终因为谗言被诛，累及亲族，普天之下，谁不为她惋惜痛心？"之后许永又建议汉灵帝改葬皇后，善待皇后的族人。

许永一片苦心，汉灵帝却毫不犹豫地将其建议拒绝。

汉灵帝认为自己是一个视天下女子为玩物的人，可是，他不知道，他只是没有在对的时间遇见对的人。在一个正确的地方，那个正确的人出现了，她就是王美人。

王美人如一阵春风吹醒了大汉糜烂的宫廷，其绝世的容颜、美丽的德操、贤良淑德的大家闺秀之风、满腹经纶的才学之气，在一刹那间就征服了汉灵帝。汉灵帝虽然滥情，但对于王美人却甚为宠爱，他每日都与王美人吟诗作画，好一片诗情画意。在王美人的劝导下，灵帝甚至决意好生治理天下。

可惜，王美人没有遇到正确的时机。

熹平五年（176），后宫的何氏率先为灵帝刘宏诞下龙子，随即便被封为贵人。在何氏的打理下，她与宦官逐渐走到一起，以便更好地控制灵帝。果然，光和三年（180），宦官集体向皇帝上书，要求他敕封何氏为后。灵帝心中其实早就拟定了皇后人选，那就是王美人。奈何她一直没能诞下皇子，立她为后名不正言不顺，群臣百官都不会答应。此刻宦官掌权，灵帝也只能被迫册立何氏为后。

何氏之父本是一介屠夫，因而作为屠夫之女的何氏，出身十分低微，本来并无选为后宫宫女的资格，可是其父何真为了改变现状，把心一横，将自己一生的大半积蓄拿出，贿赂了负责诏选天下女子的官员，结果何氏得以进宫。

当然，何氏能够在后宫风生水起，不仅是因为其狠辣谨慎，还因为她具有一副绝好的容颜。灵帝一生别无所求，只想将天下美人置于自己的深宫禁苑之内。灵帝一见如此美艳动人的何氏，自是宠爱有加，加上她又为灵帝诞下皇子刘辩，便封她为贵人。

何氏为后，连带其屠夫之父也获封午阳宣德侯，其兄弟何进本来是一个市井流氓，整日无所事事，随着其妹何氏母仪天下，他也顺利获取了不小的官职。

当此之时，汉灵帝最为宠爱的王美人竟然也身怀数个月的身孕。为此，何氏整日忧心忡忡，担心一旦她诞下皇子，自己就不能再母凭子贵了。届时皇帝废皇后、立储君还不是一道圣旨的事情。

王美人也知道自己怀上皇子，已经招致皇后何氏的嫉恨，也许明天就会引来杀身灭族之祸。此前宫中已有先例，何氏为人多忌妒，没有人不怕她。于是，王美人决意打掉自己肚中的孩子。可惜屡次都被宫人发现，报与皇帝阻止了她。

光和四年（181）三月，在皇帝的护佑下，王美人顺利诞下皇子，他就是刘协。灵帝见此子生得粉雕玉琢一般，心怀大畅，对于王美人更加宠爱。眼见皇帝天天与自己厮磨在一起，王美人便以为，何氏难以找到机会陷害自己了。可惜她身为女人，却不明白最毒女人心。这年，趁着灵帝外出狩猎之机，何氏终于下定决心，快刀斩乱麻。灵帝一回到洛阳，便听太监来报，说王美人中毒而死。灵帝闻言，心神大震，急忙命人着手调查此事，很快，凶手便原形毕露，她就是何氏。

灵帝龙颜大怒，招来何氏，没有问话便让宦官拟了一道诏书，要废黜何皇后。灵帝哪里知道，早在他回来之前，何皇后已打点好了一切，许宫中宦官以高官重利，要求他们帮助自己。钱权可通神，皇帝刚刚表达出废后的意图，宦官便一起反对此事，并对皇帝苦言相劝。灵帝也知道自己之所以能够如此玩乐享受，全部仰仗宦官们的支持，此刻他们权重，王美人也已经死去，一切都已经于事无补。于是，灵帝只能就此作罢，不惩治何皇后。

灵帝眼下唯一能够为王美人做的，就是尽力保护皇子刘协。于是，灵帝将其交给董太后抚养成人。此后，灵帝总是在过去王美人的寝宫之中徘徊，感伤怀念之情感动了许多人。回忆起从前二人赋诗唱和的情景，灵帝写了《追德赋》《令仪颂》，来追怀王美人的美德与善仪，情意缠绵，如泣如诉。

宫中巨变

王美人一死，宫中便再也无人可以威胁何皇后的地位。灵帝之母董太后虽然身份高贵，却没什么权威和心智，因而在何皇后眼中，也不足为惧。此时，汉灵帝只剩下两个儿子可以争夺太子大位，一个是何皇后之子刘辩，另一个则是王美人遗孤刘协。

依照惯例，嫡长子继位，天经地义。在传统观念上看来，刘辩是唯一的合法皇位继承人，而且外戚、宦官和文武重臣都比较支持立刘辩为储君。只有董太后因为是看着刘协长大的，对其宠爱有加，便力主立刘协为太子。灵帝便以刘辩“轻佻无威仪，不可为人主”为由，将这件事情暂且压下。

灵帝的一生，昏聩不明，但他在位之时，还是做了件明智的事情，即选择了一个忠心于自己的好人，他就是蹇硕。

汉灵帝末期，灵帝亦已深切地感受到时运不济，汉室已经岌岌可危。为了维持时局，他亲手组建了一个以“西园八校尉”为核心的卫戍部队，任命“壮健而有武略”的小黄门蹇硕为上军校尉，统率这支部队。并且在弥留之际嘱托他的这位心腹拥立刘协为帝，一则是为了弥补自己对于王美人香消玉殒的遗憾，二则是为了制衡外戚，防止其再度专权。

中平六年（189），昏庸的汉灵帝结束了他的一生。

蹇硕无愧于汉灵帝的重托，几次三番地发动对何皇后和她的

哥哥、大将军何进的进攻，可惜天不遂人愿。初时，汉灵帝的灵柩停放在殿中，蹇硕便命人在灵柩四周密布伏兵，等何进入殿拜奠时，就乘机动手将其杀死。然而，蹇硕的计策被属下泄露给了何进。何进闻知消息，立即进行部署，调集禁军甲士，封锁城门，同时通报何皇后。

何皇后马上下令，封锁禁宫，同时与何进一起拥兵入宫，升朝议政，宣布十四岁的皇长子刘辩为皇帝，史称后少帝。何皇后以太后身份临朝，何进与太傅袁隗辅政，负责军国事务。

蹇硕见事情败露，丝毫不灰心，誓死要完成先帝的遗愿。他认识到，当今皇宫大内，能够与何氏兄妹抗衡者，只有宦官。于是，他仓促之间找来一些宦官，以完成先帝遗愿，诛灭乱臣贼子的名义，号召大家一起捕杀何进。他不知道，何氏兄妹之所以能够有今天的成就，就是因为他们会笼络宦官的心。因此，宦官们为了自己的利益，就将如此机密大事告诉了何进。何进遂命黄门令逮捕并处死了蹇硕。

何进以皇帝舅舅资格辅政，地位立刻高过三公。为了维持权力，何氏兄妹不久又拉拢了“累世宠贵，海内所归”的袁绍、袁术，使其军权、声望都达到顶峰，权力日益膨胀。

董太后的哥哥骠骑将军董重看着何进横行朝廷，心中十分不平。董太后眼看本来应该是自己独大的朝局，竟然被何氏兄妹夺取了，心中也愤恨不已。于是她发誓要除掉何氏外戚。可惜，何氏兄妹在董太后动杀机之前，就已经盯上了她，董太后还没有反应过来，何皇后便与何进设毒计，除掉了董氏。

除掉蹇硕以及董太后一族之后，天下唯一可以威胁何氏兄妹外戚专权的就只有宦官了，此时何皇后已经成为何太后，对于宦官在宫中横行，也有“过河拆桥”之心。只是眼下宦官权力还未有丝毫削弱，何太后认为不可以轻举妄动，以免打草惊蛇。而袁绍则不然，他代表的士大夫阶级，在经历党锢之祸之后，用几十年休养生息才略微恢复元气，此番有天赐良机，当然要和宦官阉党一决雌雄。眼见太后不同意自己现在就诛除宦官的做法，袁绍只能跟外戚领袖大将军何进私下里联络，密谋铲除宦官。

一方面，袁绍建议召西凉董卓入朝，以“清君侧”之名讨伐宦官，进而胁迫何太后。袁绍的建议遭到了曹操的反对。他说，对付宦官，一个法官就行了，这样引狼入室，恐非天下之福。然而，曹操的建议未被采纳。可惜事机不密，何进等人的密谋被宦官们知道了。于是宦官们发动宫廷政变，把何进诱进皇宫砍了头。

何进部下将领吴臣、张章获悉何进被杀，急忙调集军队包围了皇宫。虎贲中郎将袁术率兵攻打宫殿，放火烧了南宫九龙门及东西宫，逼迫宫中交人。袁绍则率领禁卫军纵火焚烧宫门，攻入皇宫，对宦官进行屠杀，无论老幼，无论善恶，都成为其刀下亡魂。有些年纪较长的洛阳百姓，因为没有留胡须，也被误会是宦官，遭到了灾祸。

当袁绍攻入皇宫时，宦官张让等人慌忙去见何太后，也没说何进已死，只说他谋反焚宫。何太后在惊慌失措之下，被张让、段珪等裹挟着，与少帝刘辩、陈留王刘协一起，逃往北宫。数十人步行出谷门，入夜后到达小平津。尚书卢植、河南中部掾闵贡追至黄河岸边，遇到了少帝一行。张让等人惶恐不安，知道死期已到，乃向少帝拱手再拜，并叩头辞别，随即投河自尽。

宦官专权时代到此结束，东汉王朝也差不多跟着走到了尽头。

天下纷纷只为利

刘协在刘辩继位之后，被封为陈留王。刘协由董太后抚养长大，且他虽然年幼，但远比刘辩更聪明、更有气魄。董卓是董太后的同族，在进驻洛阳之后，董卓心中便产生了废掉刘辩，更立刘协的想法。

中平六年（189）九月初一，董卓率领公卿到崇德殿，强迫何太后下诏废除少帝，贬为弘农王；立陈留王刘协为帝，是为汉献帝。董卓以为，自此自己便可以坐享其成，挟天子而号令天下，天下无人可以制衡于他。对大臣，董卓随时会杀其身、灭其族；对后宫嫔妃，董卓亦是天天毁其身、败其誉，以为这样天下群臣百姓就会臣服在其淫威之下。可是董卓没有料到，蛮干不但不能建立威望，反而会引起强烈反感，等于把攻击自己的刀柄送给了敌人。

果然，正苦于没有借口的各地反对董卓的势力有了借口，他们推举“四世三公”、兵力最强的袁绍当盟主，以江东孙坚为前锋，讨伐董卓。几番大战下来，董卓损兵折将，特别是其部属上将军华雄被斩杀，更是让董卓内心极为恐惧。董卓由于并不熟悉洛阳，于是下令把京师迁到长安，此时距他进入洛阳只有六个月。

洛阳长安直线相距五百公里，正是屠灭董卓的最好时机。可惜其他人要么目光短浅，要么实力不足，只有曹操向孙坚借了五千骑兵，连带自己的三千家族骑兵，追击董卓而去，试图劫回献帝，可惜最终还是狼狈而回。

眼见天子囿于董卓之手，西凉军兵强马壮，关中更是土地肥沃，居高临下，兵锋所指，中原无可抵挡。更兼有董卓爱将吕布保驾，一时之间，天下无人可以撼动董卓的地位。但一个没有政治头脑的人偏偏坐在非有政治头脑不可的座位上，不啻坐在毒蛇的牙齿上，于是董卓的末日来临了。

司徒王允有心刺董，于是他说服了董卓的义子吕布。初平三年（192）四月二十三日清晨，董卓入宫去祝贺汉献帝龙体康复，行至宫门，遭到埋伏已久的骑都尉李肃等人的突然袭击。董卓急呼吕布，吕布则率众人上前将董卓当场斩杀。

董卓死后，朝廷下令大赦，社会似乎又有了恢复正常的可能性。董卓手下的大将牛辅，驻防陕县，不接受命令，击败了前往接收他军权的朝廷军队。可是，不久他就死于军营中的一次夜惊。他属下的三个中级军官李傕、郭汜、樊稠，决心投降，但他们曾经在大赦令之后继续反抗朝廷，所以他们要求朝廷再下一次大赦令。

王允以为江山已定，自己定可以率领群雄，不费吹灰之力灭掉董卓残部，因而坚决拒绝三人的请求。三人见此，知道开弓没有回头箭，不是你死就是我亡，只有叛变到底，才能保证自己的身家性命不受威胁。

王允没有料到，自己一个错误的决定，竟然激起了西凉军士同仇敌忾之心。他们向都城进军，一路所向披靡，不久便攻陷长安。此后，李傕升为车骑将军、开府、领司隶校尉、假节、池阳侯，后又升为大司马；郭汜为后将军、美阳侯；樊稠为右将军、万年侯；张济被封为镇东将军、平阳侯，外出屯驻在弘农。其间，汉献帝刘协亦在积极谋划，他并不甘心做一个傀儡，眼见朝中无人可用，便积极收揽人心。

兴平元年（194）八月，冯翊羌反叛，侵犯属县，郭汜、樊稠率兵马打败了他们。屯于郿城的征西将军马腾和屯于金城的镇西将军韩遂与朝臣种邵、马宇、刘范联系，借机袭击长安，李傕派郭汜、樊稠以及侄子李利与马腾、韩遂大战于长平观下。马腾、韩遂大败，被斩杀一万多人。

至此，长安初定，李傕、郭汜、樊稠等人一起总领朝纲。可是一山不容二虎，三年之后，为了争夺最高统治权，郭汜等人不顾曹操、公孙瓒、袁绍、袁术、孙策等人虎视眈眈，祸起萧墙之内。

李傕、郭汜联合杀了樊稠，接着李傕、郭汜反目成仇。李傕劫持皇帝刘协，郭汜劫持文武大臣，就在长安城中对垒攻杀，五个月中，死伤数万人。长安成了恐怖与饥饿的鬼城。后来由镇东将军张济从中调解，两人才同意释放刘协和群臣，让他们东返洛阳。

刘协和群臣刚逃出长安，李傕、郭汜二人便醒悟过来，自己竟然愚不可及地放掉了护身符，放掉了这个可以领袖群雄、号令

天下的信物。于是，二人马上又化敌为友，飞马追赶刘协。刘协亡命奔逃数百里，携群臣老弱，历时几个月的时间，到第二年才算逃到洛阳。此时，朝廷的权威荡然无存，全国被大小诸侯割据，混战不休，竟没有一个诸侯运送一粒粮食或一文钱，来帮助困境中的献帝。

袁绍的谋士许攸曾经建议袁绍将天子接到自己的封地，袁绍不为所动，因为他认为那等于凭空弄了一个管辖自己的主人坐在自己头上，只有傻子才那么做。唯一的英雄人物是曹操，刘协逃回洛阳的次月，曹操就率领他的兵马抵达洛阳，不等众人同意，曹操便以洛阳太过于残破无法居住为由，把献帝接到他的根据地许县（今河南许昌），而后曹操便借天子的名义向各地诸侯封赐爵位。

此时各地诸侯才意识到，曹操捡了一个大便宜，如果他们不接封赏的诏令，便是乱臣贼子；但若是接受，以后曹操再发布对他们不利的诏令，接与不接便进退维谷了。特别是袁绍，他此刻已经灭了公孙瓒，雄踞天下四州，手下有兵士百万、战将千员，已经成为天下第一大诸侯，失去献帝，便名不正言不顺。懊恼之余，唯一的办法是宣称曹操劫持了皇帝。

四百年江山终有尽头

眼见曹操日益壮大，袁绍终于坐不住了。在灭杀了公孙瓒之后，袁绍便利用对付董卓的办法对付曹操。他发起了勤王军事行动，但是此刻各方诸侯心中都有自己的计较，都不愿意助袁绍灭了曹操，因为那样一来，天下为数不多可以与袁绍争雄的曹操就会灭亡，之后各地诸侯就会被袁绍以秋风扫落叶之势屠尽。只有刘备率领为数不多的兵士前来相投。

其实在此之前，刘备曾想前往许县晋见献帝，刘备素以汉景帝玄孙自居，亦以除强扶汉为己任，此番曹操将献帝拘役，自己只能帮助袁绍灭了曹操，才能够解救献帝。刘协迁都许县后四年，即建安五年（200），曹操和袁绍在官渡决战。此战，袁绍大败，曹军斩首七万余级，尽获袁军辎重、图书、珍宝。

曹操趁势进兵，终于在建安九年（204）占领了冀州，成为天下第一诸侯。但是袁绍的势力并没有被彻底肃清，袁绍之子袁尚、袁熙皆逃奔三郡乌桓。建安十二年（207），曹操为了肃清袁氏残余势力，也为了彻底解决三郡乌桓入塞为害问题，决定远征乌桓，最终彻底击溃乌桓。

自此，曹操基本肃清了北方，天下十三州他已经据其半。本欲就此一统天下，成就功名大业，可惜时局不明，军事上的严重错误，导致曹操在赤壁之战中大败。

在此期间献帝刘协也加紧了活动的步伐，力图摆脱曹操的控制。建安五年（200），曹操将刘备引到许县，天子见有机可乘，直接称呼刘备为皇叔，并封其为左将军，以求培植忠于自己的势力，并且在暗中用衣带写下血诏，号令天下诸侯勤王讨贼。

刘备在与曹操煮酒论英雄之后，便知道曹操必定不会容自己存活于世，此番正好借献帝的名义名正言顺地为天子讨逆。哪知事情却败露了，献帝的董贵人之父董承等人都被曹操诛杀，怀孕的董贵人也被绞杀。伏皇后畏惧曹操，于是写信给她的父亲伏完，尽数曹操残暴不仁之事，希望伏完能够效仿董承，铲除权臣，但伏完始终未敢行动。

建安十八年（213）五月，汉献帝册封曹操为魏公，加九锡、建魏国。自此，曹操手中的权力无论是在军事上还是在政治上都得到了强盛和稳固。

建安十九年（214），伏皇后要求其父伏完诛杀曹操的密谋败露，曹操要挟献帝废黜伏皇后，并代献帝写好了废黜伏皇后的诏书。此时刘备已占据西川，献帝听闻后，便和宫人暗自庆贺，以为汉室中兴之日不晚了。

曹操写好诏书之后，急忙派御史大夫郗虑拿着诏书，同尚书令华歆一起带兵包围皇宫搜捕皇后。伏皇后藏到宫中的夹墙里，被华歆拖出。伏皇后向献帝哭诉求救，刘协无奈地说："朕也不知自己的生命何时终了呢！"回过头来对郗虑说："郗公！天下有这道理吗？"

伏皇后最终被幽闭而死，刘协与她所生的两位皇子亦被毒酒毒杀，伏氏宗族百余人被处死。自此，忠于汉献帝、可为刘备内应的势力大部分被肃清。建安二十年（215），曹操威逼刘协立其女为皇后。

建安二十一年（216）四月，曹操晋封为魏王。建安二十四年（219），刘备自立为汉中王，至此东汉名存实亡。

建安二十五年（220），曹操去世。他的儿子曹丕认为自己在北方的地位已经足够稳固，有足够势力登上九五大位，便于这年的十二月十日，逼迫刘协禅让帝位给他。刘协虽百般不愿，但还是被迫告祭祖庙，使张音奏玺绶诏册，禅位于曹丕。曹丕在繁阳亭登上受禅坛，接受玉玺，即皇帝位，国号为魏。

汉帝国就此轰然倒塌。黄沙漫天之间，充满了叹息和无奈，也洋溢着激情和奋进。历史始终向前，脚步不会停止，两汉四百年兴亡历史，给后人留下无尽的思考。

刘备的进击之路

诸葛亮和刘备隆中对，有了“先取荆州，后得西川，再图中原”的三步走计划。而后孙刘联盟建立，夺取了赤壁之战的胜利，瓦解了曹操一统天下的野心，同时也让刘备有了立身之地荆州。此后，刘备更是借汉中张鲁进攻西川刘璋的机会，带兵三万前去西川，助刘璋抵抗张鲁。本来，依靠西川的军力，汉中倒是不足为惧，只是之前，曹操和西凉马腾、马超大战了一场，二十万军队被斩首大半，但仍然有五万军队被能征善战的马超带到汉中，投降了张鲁。因而张鲁进攻西川，一路势如破竹。

刘备到达西川，刘璋百里相迎，但西川各路人士纷纷反对让刘备带兵而来。他们担心刘备会反客为主，乘机夺取西川。刘璋也不是没有考虑到这一层，但一则是自己手下最为信任的谋士张松大力劝谏自己邀刘备入川，不过他并不知晓，此时张松因刘璋昏聩，早已经投了刘备。二则是刘备此次前来，关羽、张飞、赵云一个都没带，因而刘璋也就放松了警惕。刘备来到西川，手下人都劝谏他乘机夺了西川。刘备素以忠义为立身之本，因此并不打算这么做，以防失去天下人心。

不久之前，刘备得到了和诸葛亮齐名的贤士凤雏庞统。庞统知晓刘备的苦衷，此刻虽然成功阻击了汉中军队，并招降了马超，但刘备却依然不肯离去，就是因为舍不得西川。而且庞统也知道刘备之所以迟迟不肯发兵攻取成都，是因为没有一个名正言顺的理由。因而，庞统设计让刘璋知晓张松已经叛投刘备，于是引得刘璋杀了张松，并领军攻伐刘备。而庞统在落凤坡不幸中箭身亡。刘备见刘璋杀张松、屠庞统心肝俱裂，随即夺取了西川，并乘势攻取了投降曹操的汉中。一时之间，刘备势力大增。